[Elife]

正向教學的力量：

化解課堂困境，當個不怕失敗的教師

王淑俐——著

三民書局

推薦序　學莫便乎近其人

淑俐這本著作問世，是她論著的第八十八本書籍。八十八本，名符其實的著作等身，不知道讀者是否會感到疑惑？關於這位王淑俐教授，為何總是能出陳入新地討論教育或家庭文化現象？為何常能緊扣普羅大眾、學生、為師者、家庭父母想要面對解決的難題？原因在於：舉凡她關注台灣教育實施現場，或是研究人際互動、親子關係、家庭經營等諸多內涵，在在都是以極大的教育愛為出發，以爆炸式的熱忱，集結各種資訊，鋪寫她細微的觀察、研究；或是縱觀國內外類似個案，歸納出問題解決策略與方法，我每每研讀她的論著，都不由地產生難望其項背之嘆！

《荀子．勸學》篇第一句話就提到：「學不可以已」。說明人生關於學習，是不可停輟的！這也正好符應了淑俐的「為學」與「撰著」，因為我認識她至今近三十年，她始終如一！個人從事國中教育工作近三十年，期間擔任國中校長工作十九年，我服務的單位地處偏鄉，我所知道的教育現場，至今仍然是充滿挑戰，淑俐這書猶如教戰手冊，從觀念的提示、方法的執行、問題解決方案、價值澄清、案例分享、時事摘錄，都以「本著愛心說誠實話」的現身說法來撰著。身為有心從事教育的學生，或已然為師者、教育行政人員、關心子女教育的父母，若未能一窺究竟，實在是虧損，因為本書充滿「富人思維」，因為它：

提供您認知使「人」增值的教育力量與思維，讓您產生「複利」；

提供您認知符應實際的教育反思，深入淺出，讓您知道為何而戰；

最重要的是，它會讓您再一次發覺：

教育仍是充滿契機的偉大工程；願意以教師為職志的人，願意修煉，必成「制勝鮮師」！

古有明訓「凡事正名」，提示工作者要界定目標，釐定自己工作的價值與方向，方不至於「對空氣打拳」，這是本書所提「正念」教學，能「正念」亦是教師博學反思的內在素養。有此素養與踐履，自然就能培養、檢視每日「當行」與「所行」的力量，從而練就面對教育困境、難題的解套巧勁，「在患難中也是歡歡喜喜的，因為知道患難生忍耐，忍耐生老練，老練生盼望，盼望不至於落空」，這是以「不抱怨的溝通」，達致「教學的翻轉與變通」班級經營目標。

激勵我們往前鍥而不捨，就是看見典範。本書作者從擔任大學系主任到志願離職，改至各大學院校兼任教程，理由無他，即用力盡心在於感動自己，因為只有志願走出藩籬，她方可以樹立另一種典範，並且值得我們學習效法！

學習的途徑沒有比接近良師更便捷。《禮經》、《樂經》規定法度典章，規章未能詳說原理，《詩經》、《尚書》記載古時風俗官事，卻未近現實，《春秋》詞旨隱晦，難以理解。如能仿效良師、才德君子的見解，就能養成品德與廣博的知能，自然就世事洞明，所以說「學習沒有比接近良師更便捷的途徑」。（《荀子．勸學》原文：學莫便乎近其人。禮樂法而不說，詩書故而不切，春秋約而不速。方其人之習君子之說，則尊以遍矣。）

陳純適

前屏東縣私立南榮國中校長

2022.7

推薦序　已讀常回

說實在的，我和淑俐老師見面的次數，十根手指頭可以數得出來，所以能夠得到她這位多產作家邀約寫序，那是一種受寵若驚，我倍感榮幸。但話又說回來，誰說對一個人的認識和欽佩，都是靠見面而來的？

和淑俐老師愈來愈熟，是通過LINE的互動而來的。每天我都會在LINE和親朋好友，還有一些認識、不認識的人分享，上午是「劉銘格言」，晚上是一篇文章。許多人都是「已讀不回」，淑俐老師是少數幾乎每次都回的人，可能是短短的隻字片語或是一個圖片，更多的時候，是給予我的鼓勵和稱讚。

拜讀了淑俐老師的書稿，發覺她這種「已讀常回」的舉動，在多年的教學生涯中也是如此，關心照料每一位無論是成績好或成績不好的學生，尤其是一些弱勢孩子，從大方向著眼，但也不會忽略每一件小事情，這就是所謂的「見微知著」，套句我的格言就是「小事成就大事，細節成就完美。」令人佩服啊！

這本書的內容引經據典，旁徵博引，十分的耐人尋味。最吸引我的是，沒想到淑俐老師看過那麼多電影，而且能夠將這些電影相關的主旨和內容，作為書中的連結與佐證。這使我想起看過的一部叫做《天使與魔鬼》的電影，由湯姆．漢克斯主演，是一部小說改編而成。作者巧妙地將羅馬一些名勝古蹟和電影情節連結在一起，這無疑是最高明的「業配」。

這本書還兼具了「工具書」的功能，因為裡面的資料相當豐富。更重要的是，對於一個想要成為「經師」和「人師」的人，是一本必讀的指南。

等到疫情過後，我還真希望常常和淑俐老師見面，而不是那種「相見不如懷念」，當面向她好好的請益和挖寶。

劉 銘

混障綜藝團團長、十大傑出青年

2022.7

作者序

我成長於「師範教育公費」的年代，有幸享受免費的高等教育，畢業後直接分發至國中任教，對於喜歡教書的我來說，應是「完美的人生」。後來卻發現是「更加痛苦隨後的更加美好」，因為會遭遇許多教學挑戰、難關與考驗。

一路以公費念到台師大教育研究所博士學位，對於教育除了理論與實踐，更多了理想與實驗。我常反省「要成為怎樣的施教者」？所以強迫自己勇於面對缺點，期望能夠自我改善與超越。

我的缺點很多，若非求學時許多良師的「修正」，真不知會發展成什麼樣子。尤其在讀研究所期間，受到論文指導教授賈馥茗先生的調教最多。馥茗恩師是台灣師範大學教育系及教育研究所碩士班的畢業生，後來公費留學到美國，取得加州大學教育博士學位。回國後擔任台師大教育研究所第二任所長，治學嚴謹，學識豐富，待人真誠，言行合一。

我想要「自我超越」的是什麼？就像這本書的完成，不管怎麼修改總有不足之處。每次邁出一小步，都是一次的超越。教學也是如此，《禮記．學記》說：「學然後知不足，教然後知困。知不足，然後能自反也。知困，然後能自強也。故曰：教學相長也。」

教學易遇到困境，困境是增益個人學養的契機。教學工作不純是「教」，還要學。一面教一面學，「學無止境」。

大家都想當「好老師」，怎樣才算已經合格？傳統上學生有傑出表現就代表老師教得好，若學生沒辦法或沒有好表現，老師難道要放棄不教？以前我覺得到頂尖大學教一流學生，才算名師。後來發現，好老師不管在哪裡教，都可以「教得好」。成敗的指標在自己的調適能力，也就是跟上時代腳步、了解學校特質與學生次級文化。

以前，我認為「好老師」是受到學生崇拜，學生認真上課代表自己很會教。現在我「珍惜」上課投入的學生，把他們當成「知己」，可以好好促膝長談。同時也「接納」不想上課的學生，把他們當成我的「老師」。教學挫敗與磨難，是他們給我的回家作業。

好老師不只教聰明、家境好的孩子，也教學得慢、家境差的孩子。所以，我感謝從前許多耐心教過我、不嫌我家庭貧困、資質平庸的好老師。好老師讓你覺得自己很優秀，更教你學會謙虛及助人。讓你能夠自我實現，更讓你學會面對問題及解決困難，尤其是願意幫助其他弱勢者解決困難。

盼望大家能一起感謝老師，讓老師們都努力成為更好的老師，我們能擁有更好的世界。

王淑俐

2022.7

引言　天亮了！教學的《一千零一夜》

〈阿拉丁與神燈〉、〈阿里巴巴與四十大盜〉、〈航海家辛巴達〉等故事，都出自十四世紀的阿拉伯民間故事《一千零一夜》一書，又名《天方夜譚》。聯合國教科文組織調查發現《一千零一夜》與《魯賓遜漂流記》、托爾斯泰及馬克吐溫的作品，並列為世界最受歡迎的文學書籍，且拍了無數動畫與電影。

《一千零一夜》的起源是傳說中波斯國王山魯亞爾遭到妻子背叛，哀傷及憤恨的情緒無處宣洩，於是他每娶一個少女必在翌日殺掉她。宰相維齊爾的女兒山魯佐德為了拯救無辜的女孩，自願嫁給國王。到了晚上，聰明的山魯佐德講故事給國王聽，講到最精彩處剛好天亮了。國王為了聽故事，只好不殺她，就這樣講了「一千零一夜」，直到感動國王，倆人得以「白首偕老」。

有時，學生也像「山魯亞爾國王」

有時我覺得學生也像波斯國王山魯亞爾，使人緊張、害怕，擔任老師的我則像宰相的女兒，要想盡辦法講精彩的故事給學生聽，讓他們不要「罷免」老師或放棄學習。過程中我絞盡腦汁、放下身段，雖然屢敗屢戰，仍然愈挫愈奮。我沒有繞路或撤退，有時不禁為自己的「堅持」苦笑！

我的教學生涯從大學二年級開始，「初生之犢不畏虎」，同時擔任中山女高「詩歌朗誦隊」及師大附中「辯論社」的指導老師。尤其是附中辯論社，我一直帶到大四畢業。接著我教國中生，讀碩博士班時教夜補校、社教館成人教育班，拿到博士學位後教大學生、研究生、推廣部學員等。在文化及世新兩大學各專任過五年，兼課的大學則超過十所。不論教學類別及挫敗經驗，我自認都「名列前茅」！

「教學有利」的三大因素

「教學有利」的三大因素是：掌握學校特質、配合學生多樣性、跟緊時代轉變趨勢。

以「學校特質」來說，頂尖大學的學生雖然自信，但不少人潛藏沉重的心理包袱，只是不一定肯承認或求助。中後段大學的學生企圖心較弱，加上受到玩樂誘惑，較不易投入學習，但卻很有創意及負責任。如何將學校特質當成優點？例如「堅持己見」想成「有主見」，「愛講話」想成「好口才」，「活潑、好動」想成「靈活、有彈性」。特質若是「璞玉」，只要好好開採與琢磨，學生的強項或潛能就得以發揮。

以「學生多樣性」來說，有些學生自卑、低自尊、學習動機低。反之，高自尊的學生易對老師不服，難以信任與接近老師。加上家庭問題，例如：父母期待過高或過低、家庭經濟困境、父母健康不佳，還有個人生涯困惑與身心疾病等，都需要老師以「同理心」來接納及協助他們重建自信、正常生活。要達成這個目標比起教學更難，得一路披荊斬棘、毫不鬆懈。

以「時代轉變趨勢」來說，老師除了面對數位化、民主觀念、少子化、文化衝擊、疫情威脅等變化外，**學生的「次文化」也得了解。老師要讓自己留在「正青春」的心境，不要一直眷戀過去。**老師要跟上時代腳步、接受3C科技的挑戰，不再固執地以為「一代不如一代」。

為什麼要當老師？

我成長在單親、貧窮、家暴及偏鄉的環境，吃喝穿用等物質需求嚴重不足。幸好我的爸爸付出最大的關愛，讓子女快樂、安全地長大（包括不被後母「追殺」）。

我家附近沒有補習班，家裡也沒錢給我補習或買參考書，偏鄉學校沒有課後輔導班。幸好老師們不放棄，我的國中老師願意免費教我英文、數學、國文，還包括去老師家吃飯、談心。讓我擁有夢想、勇敢追夢，最終考上高雄女中及台灣師範大學，一直讀到博士班，我都受到老師們精神及物質的許多照顧。

若我有一點好表現，除了感恩父母，大部分都要歸功於老師。因為自己的幸運及被愛，所以我要當老師，把這份「好運」傳下去。**期望自己能像我的老師們不自私、不冷漠、不退縮、不悲觀，讓更多學生能突破限制、實現夢想。**

想成為好老師，就要好好盤點及修煉自己。接下來我將開始跟大家分享所蒐集的《一千零一夜》教學故事，讓大家了解好老師如何「練功」、如何以神奇力量使學生「不再受苦」、如何帶學生一起走向「下一個天亮」。

目次

第一篇

「正念」教學
努力「接住」學生

二〇二一年八月底，我收到一位學生的訊息：

老師早安！我是今年世新大學畢業的小安，上禮拜我應徵上第一份工作了，是光復國小六年級代理班導師。我太開心了！想與您分享並致上感謝！

這次準備面試的過程中，我不斷想起您上課時教導的溝通技巧與智慧，很高興能應用在這次面試上，自許未來能將老師的諄諄教誨帶入校園、教給小朋友。

謝謝您！您是我生命中的貴人、恩師，在這裡預先祝您「教師節快樂」。

這份感恩與祝福，在現代社會已屬罕見，我趕緊回覆：

小安，你帶給我很大的快樂，除了優秀如你也成為老師之外，更由於你的感恩，今年你是第一個給我「教師節祝福」的學生喔！

我的快樂除了知道自己幫到學生，也因為近年來已很少聽到「教師節快樂」的祝福了，「教師節賀卡」比起鑽石更稀有。有一年我提醒學生「今天是教師節喔」，學生竟回：「現代學生不可能跟老師說『教師節快樂』了，這個節日在學生心目中已無特殊意義。」

這現象我雖有察覺，親耳聽到還是感到「震撼」！難道「尊師重道」已然消失？師生關係不再重要？或是老師的付出不足以感動學生？

提到「生命貴人、恩師」，台灣大學商學碩士、政治大學企管博士的潤泰集團總裁尹衍樑，二〇一五年獲頒彰化師大名譽博士時，特地向也在場的恩師王金平深深一鞠躬，他說：「當初若不是王老師，就沒有今天的我。」

原來，尹衍樑小時候經常打架鬧事，父親無力管教，就把他送到進德中學。這是省主席黃杰一九六三年特別設立的學校，各地警察局也常將問題青少年送來，因此被誤以為是「感化學校」。

十五歲的尹衍樑入學後依舊逞兇鬥狠，有一次捅了別人屁股一刀，自己的胸口也被劃了道長長的傷口。他怕被教官發現，就躲進宿舍找老師包紮，這位老師就是師大數學系剛畢業的王金平。王老師原本要去高雄女中教書，後來卻被彰化進德中學挖角。王金平勸他：「打人的人好比野狗、毒蛇，才會讓人家怕；把書念好、把人做好，比什麼都重要。」這段話讓尹衍樑開始認真念書。

日文歌曲《生命的理由》認為，人的出生是為了與父母、手足、朋友、摯愛的人相遇，是來救贖別人以及被拯救，為了使人幸福的。我希望這當中也包括師生關係！

如果鄭捷有尹衍樑的幸運，「對的時機」遇到王金平這樣「對的老師」，是否能被拯救？法院判死的衡量條件之一是「無法教化」，但老師何忍對學生如此宣判？

我確定自己「喜歡教書」，居排行榜的第一名。大學時接觸中山女高、師大附中、金華國中等優秀、重感情的學生，教學非常愉快。師大畢業擔任國中導師，因無法拿捏「要不要體罰」開始兩難。讀完研究所教大學生，也常在教學自信與挫敗兩極端擺盪，雖調整「教室管理」及「教學評量」方式，還是「動輒得咎」，很難做到「寬嚴並濟」、「中庸之道」。

而今我還是熱愛教學，是「學生拯救了我」。學生的正向回饋讓我得到「前進」的動力，慚愧的是，我救贖了學生嗎？

學生都知道哪些老師「很會教」，每週盼望上他們的課。我自知距離這樣的功力甚遠，只是努力「承擔」責任、「接住」學生，仍常因不自量力而踢到鐵板、嘗到敗績。

到此你會發現這不是一本充滿正能量的「老王賣瓜」，而是「先悲觀而後樂觀」的教師效能訓練手冊，讓我們繼續讀下去。

我班上不少學生上課睡覺，叫也叫不醒，這樣不尊師重道，真是糟糕！
等等！嗜睡跟不想說話，說不定是身心出問題了，該多關心他！

1 學生有「應該的樣子」嗎？歡迎來找碴

老師都希望「得英才而教之」，「英才」是指積極進取的人，主要靠後天培養。「上進心」除了依靠原有的好奇心、求知慾，大多是因為老師的激勵。

學生上課遲到、吃東西、睡覺、滑手機就是「朽木不可雕」嗎？有位上課經常睡覺的學生在期末時告訴我：

以前上課都在睡覺，最大的收穫是「精神飽滿」。某天剛好睡飽了，認真聽課才發現不都空虛乏味，有些雖不是每天用到，遇到時也有妙用。

課程有點像經驗分享，不是一直講、聽到膩的理論或滿滿正能量的說教。於是我漸漸認真上課，很少再睡一整節了。

這門課帶給我最大的改變是態度，不要「先入為主」，很多事如果一開始就「畫地自限」，對課程及自己都不公平。因為，同學都已「向前走」了，我還在「原地踏步」。

學生並非都「不敬業」或「找麻煩」

若老師無法接受學生的某些行為，如何以「平常心」了解及改變學生？更難的是老師要覺察為什麼不能接受？當時有何感受？

喬．卡巴金(Jon Kabat-Zinn)提倡「正念」(Mindfulness)，指的是「有意識地覺察，專注於當下這一刻，不附加任何主觀評判。」覺察不是模糊不清的知道，而是對正在進行的事情「深度關注」。例如，「正念進食」是專注吃飯，細細品味所吃的每一口：「米是不是有點硬？」、「菜是什麼味道？」「活在當下」並不容易，我們總習慣回想過去、寄望未來，且難克制「不經意地」評價自己及別人。

正念是客觀地觀察，不加任何的批判。專注於內心，且不受情緒所影響。正念是全然感受生命，包括痛苦的部分，對每一種體驗充滿好奇和勇氣。正念是保持淡定、接受，才能做出冷靜明智的決斷；正念是有意識、有活力及精確的，也是接納、開放與寬容的。卡巴金博士提倡「正念」二十年，統整出版了《正念療癒力：八週找回平靜、自信與智慧的自己》一書（胡君梅譯，2013）。

現在我們就著下面的「教學事件」，來練習「正念教學」吧！

教學事件一

二〇〇九年，中央大學認知神經科學研究所洪蘭教授，到台灣大學醫學院進行「通識課程」評鑑，發現上課秩序極不好，學生姍姍來遲。有人吃泡麵、啃雞腿，有人打開電腦看連續劇或趴在桌上睡覺，打手機、傳簡訊的就更多了。

於是她發表文章「不想讀，就讓給別人吧」，並表示（洪蘭，2009）：

學生的敬業就是做好學生的本分……這不是八股，是做學生的基本要求。

文末還說了重話：「尸位素餐是最可恥的。」該課程助教具名澄清：**洪委員未看到全貌，台大學生多數是認真的**。那天是下午一點二十分的課，同學從公館校區過來，有些學生尚未趕到，不是故意遲到。同學在電腦上看的影片是老師提供的，不是連續劇。

台大醫學系的學生也召開「力挽洪蘭」座談會，取「力挽狂瀾」的諧音。邀請台大師生討論「上課吃東西有什麼問題？」現場準備了泡麵、雞腿、披薩、汽水讓大家邊吃邊談。

有些台大教授聲援學生，表示新世代學習態度早就不同；**只要不影響秩序，上課可以吃東西**。

教學事件二

台大薛承泰教授對學生上課遲到及缺席感到憂心，他說（李順德，2009）：

大學生的生活作息與競爭力息息相關，期待大學生都能準時上八點鐘的第一堂課。

薛教授認為學生應提升勞動的價值，「準時上第一節課」即是一項重要指標。薛教授說，年輕人如果沒有競爭力，國家再多飛彈也沒用。台大表示，教室不足致有些課必須排在上午八點，確實有學生姍姍來遲。

不少大學生要打工，服務業又晚收班，很難不影響第二天的出席率。有些教授說：「大學生不只早上第一堂課不準時，九點或十點的課也常遲到，進教室還拎著早點。」教授認為學生因生活作息不正常，導致精神萎靡、無法專心聽課。

教學事件三

寒假結束後的開學日，台大教授張俊哲為文「五十分鐘後的人生，不一樣」，他說（張俊哲，2021a）：

如果你心不甘、情不願地來上課，或準備大睡一場，大可不必，我不點名！

張教授希望學生好好上課，使「五十分鐘後的人生，不一樣」。但實際上他卻不得不讓不想上課的人安靜的離開，這樣的宣示是基於教學二十年來的「有感而發」。他多次對著缺席的座位嘆息，還要接受同學的姍姍來遲，加上繼續睡覺或聊天的學生，這些幾乎澆熄了他的教學熱情。

當我們客觀觀察、不加任何批判時，對於上述教學事件有否新的發現？

最近我在某科大上課，看到學生遲到、缺席、睡倒、桌上沒有筆及課本、滑手機，我也感到失落與迷惑，私下詢問才知：

「上課睡覺」是覺得外賓演講或同學上台報告不干自己的事。

「做別的事」是因來上課只是要拿兩學分，並不是真有興趣。

「滑手機」是由於依賴數位科技已成習慣或不可或缺。

「沒帶筆及課本」則因大學課業壓力比高中少，認真度跟著下降。

老師能夠不批判、不生氣，「接納」學生的上述行為及自己的情緒感受嗎？若能，應較能冷靜而做出明智抉擇。否則，錯誤的「教學下一步」可能「謬以千里」或「後患無窮」。

不應「假裝沒事、繼續上課，任憑學生吵鬧」

學習的不當行為有時是個人問題的徵兆，包含家庭問題。老師能做什麼？如果覺得「心有餘而力不足」，也就是輔導能力及時間不足，該怎麼辦？看看下面這則「在德國的故事」。

好書推薦

年輕的菲利普．穆勒老師，把自己在小學任教兩年的慘痛經驗寫成《謬拉老師上學去》（林繼谷譯，2014）一書。他希望教育主政者為「班級秩序或學習成果一團亂」、「老師非常疲憊甚至要請病假，而且是長假」等重大問題，找到解決的方法。

穆勒老師的五年a班有嚴重的紀律問題，在升上四年級時是由兩個班合併，且換過一次級任老師。五年a班除了課業程度遠低於平均水準外，還有說髒話、不服管教、打架等狀況。

穆勒老師發現不只是五年a班，其他班級也如此。老師因無法處理這些問題，索性假裝沒事、繼續上課，任憑學生吵鬧。穆勒發現，學業成就低落與學生的「個別問題」有關，例如他班上的學生：

賈斯丁有三個弟弟，父親無法獨力照顧，他和大弟只好與祖母住。

傑克長時間憂鬱，對於過胖一直很苦惱，成績只到達三年級程度。

塔莉貝與父母及六個手足共擠兩房公寓，要做很多家事、跟不上學習進度。

薩米拉的母親患憂鬱症，他則注意力不集中、不遵守秩序、不愛念書。

歐克提被媽媽寵壞了，老師告知母親他在校的惡形惡狀時，家長充耳不聞。

里哥被判定有行為問題，具攻擊性、不想讀書，已記了好幾次過，還轉過學。

艾桂兒有注意力不足過動障礙，藥物只能控制行為，卻無法改善學業成績。

阿里和默罕默德生在黎巴嫩，來德國定居一年左右，語言能力不足。馬傑爾有很多兄弟姊妹，有學習障礙，親人都領取社會救濟金。瑟巴斯提安的父親家暴，母親酒精成癮及長期失業，哥哥則常進出拘留所。

在德國每門課除了授課老師，還有一位「助理老師」，協助一起導正學生的上課態度，以及個別輔導學習有困難的學生，以免影響班級秩序、干擾教學進行。即使如此，仍無法解決降低學習成效的「個別嚴重問題」。

我國目前每班大多只有一位授課老師，如何兼顧教學進度與個別發生的學習、行為、心理、家庭問題？大學教授或可申請「教學助理」，但中小學只有特教生或幼兒園會設置助理老師或人員，如：民國一〇一年公布、一〇九年修正的《高級中等以下學校特殊教育班班級及專責單位設置與人員進用辦法》第五條之四的「教師助理員」：

經各級主管機關特殊教育學生鑑定及就學輔導會鑑定，具中度以上障礙程度或學習生活上有特殊需求之身心障礙學生，每十五人置專任人員一人，未滿十五人者，置部分工時人員。

「教師助理員」除了日常協助分組教學、形成性及總結性評量外，還可以幫忙：

1. 教具製作與學生行為觀察：可提供建議，尤其對需要正向支持的學生。

2. 校外教學：協助教師講解「校外教學」的內容，管理學生秩序與維護安全。

3. 生活照護：指導學生如廁、盥洗、穿衣、整理儀容、用餐、餵食等，下課時注意學生互動情形，預防意外事件。

4. 與家長聯繫與溝通：協助家庭訪問或個別化教育計畫會議，陪同教師與家長深入談話，了解學生平日在家的生活情形。

5. 學生輔導：孩子訴說心事時，從中了解學生狀況，遇有需要幫助即告知教師。

大學針對特教生設置「資源教室」，由輔導老師協助學習與生活適應。有些大學以「密件」方式「知會」授課老師，該班有哪些身心障礙學生，期望多給予個別關懷，但須保護個人隱私。有些老師可能自覺缺乏輔導知能或班級人數較多，對特殊生「愛莫能助」，但班上還有未經「鑑定」、「輔導」，或不想讓人知道自己身心狀況不佳的學生，偶爾也會出現求救訊號。

罹患心理疾病的學生，確實需要多些關懷，但老師不一定有能力辨識或及時轉介。老師遇到學習動機或成績低落的學生，為了顧及大多學生的進度，常錯過幫助的時機。

就算老師想幫忙，若學生或家長不願意，加上授課時間及輔導能力不足，只好「視而不見」。其實，老師還是可以「通報」或請教輔導人員該如何進行「正確的下一步」，莫讓「無奈」變成「無感」。

我自己在小學及國中階段也有學習問題，如遲到、遲交作業、服儀不整、經常請假、與同學相處不睦。背後的故事「有洋蔥」，因為我的父親入獄，導致母親離家出走。父親出獄後又臥病在床，才八、九歲但身為長女的我，要照顧分別才六、四、兩歲的三個弟妹，家事都做不完，家中經濟狀況十分窘迫。

導師若問同學或進行一次家庭訪問，就知道我的問題「其來有自」，也許會讚美及支援我，而不會責怪我。幸好求學過程中，還是有遇過不少老師「盡一己之力」、「知其不可而為之」，為我這樣的弱勢學生伸出援手。

挽救教育的「重災區」

由前述教學事件可知，即使台灣大學的教授對學生的問題猶有「無力感」，遇到大考分數中後段的學生又要如何提振其學習動機？

我的好友公立大學退休後轉私立科技大學任教，四年下來深感「震驚」，他說比之前在公立大學，花了不只一倍的力氣。他覺得教育主政單位對於「教育第一現場」的了解不太準確，尤其是對中後段大學。他說：

對這所私立科技大學而言，「學習動機」是飄渺於空中的理想，首要課題應是讓學生正常睡覺、正常起床、有錢花用、上學不穿拖鞋、上課記得「帶筆」。

學生多半兩手空空走進教室，來上課是為了點名，因為學校規定六次不到就扣考。部分學生帶筆了、穿鞋了、守秩序了，但國、高中就是末段班、末段學校、低學習成就，從未被褒獎、肯定過。

部分學生來自低收入家庭，自卑感已成形，進到大學後不敢表示意見、發問、討論。部分學生天真、無邪、分不清場合、無法辨識是非。部分學生叛逆、有江湖味。部分學生要打工、上夜班來賺取生活費，上課只想睡覺。他們大部分是「統測」分數後段的一群，這樣的背景使其學習動機十分低落。

其實私立科大的多數老師沒有放棄他們，絞盡腦汁與可以驅動的學生一起努力。將課程與證照結合，讓學生建立自信、找到成就感。從實習課程中，讓學生與社會接觸，體會所學不足，再回學校加強。

教育部的各種計畫都很好，但與中後段學校的第一現場有差距。

真正惠及學生的是設法改善學生的思考力、自卑心、行動力、活動力、生活管理，並提升成就感、降低憂鬱。這些問題解決了，才能使學生獲得「源頭活水」，專業學習才能易如反掌。

這位在私立科大教書的好友要我跟他一起去末段私立普技高「招生」，看看實際的上課情形，那樣的「第一現場」可算是「教育的重災區」，他實在為這些弱勢學生感到心疼。

經濟及教育資源缺乏的「弱勢學生」，更需要正能量、默默耕耘的老師，例如下列新聞報導：

新聞剪影

二〇一二年報載（周宗禎，2012），台南私立遠東科大電腦應用工程系助理教授林欽澤，在他的研究室裡堆滿了泡麵、八寶粥、奶茶，只要學生口渴、肚子餓就可以自由取用，有些清寒學生經常來吃，師生的距離也快速地拉近。

學生形容第一次打開老師的櫃子時，看到一箱箱飲料、泡麵、八寶粥，都嚇了一跳！尤其在二〇〇八年金融海嘯時，來吃的學生最多，林老師每週都要補貨。泡麵鮮師的「私密雜貨小鋪」，成了畢業生最甜美的回憶。

林老師這麼做是因為有一位學生曠課太多，即將被退學。他到學生家裡看，才知這是位孝子。該生與隔代教養的祖母相依為命，課餘除了打工，每天早上要先為臥病的阿嬤煎藥、餵完藥才能上學，所以第一堂課經常遲到，甚至被誤認是曠課。當林老師向校方說明後，學校同意讓該生利用寒暑假補修，終能順利畢業。

林老師自己年輕的時候也窮困過，真心想要幫學生脫貧。所以沒飯吃的學生找他，沒錢註冊的找他，就連畢業後找不到工作的也找他。

多少老師能像林欽澤這樣的「布施」？希望教育行政、學校行政等能透過制度或撥付經費協助弱勢學生，而非只靠林老師「孤軍奮鬥」。

不以生氣、失望、無奈處理學生問題

印度電影《三個傻瓜》(2009)裡說：「心是很脆弱的，要記得時常安撫它。」老師的心要如何安撫，才能保持教學熱情？

傳統教育多半要學生「上課認真」，但外在「形式」等於真心「投入」嗎？面對種種不當學習行為，如果是教學方式或師生目標落差，老師發脾氣或懲罰學生、扣分就能解決問題嗎？所以，對於學生的不當行為不只是消極防堵，更要改以其他方式讓他們朝好的方向發展，獲得更大的成就感。

上課「滑手機」

智慧型手機一九九八年啟用，iPhone 二〇〇七年問世，加上寬頻的上網速度快，「手機成癮」現象嚴重。南韓下令學校開設網路成癮課程，降低學生「手機依賴」，禁止學生帶手機到校。仍有近**2**成青少年罹患「手機焦慮症」，產生手機鈴響幻覺，怕手機沒電或連不上線，出現手腳發麻、心悸、頭暈、冒汗、腸胃功能失調等生理症狀。

二〇二一年八月，中國大陸為防止未成年人沉迷網路遊戲，發布「嚴控未成年人上網打遊戲時間」。要求網路遊戲企業僅可在週五、六、日和法定節假日，廿時至廿一時向未成年人提供一小時服務。

民國一〇〇年我國訂定高中職以下學校「校園攜帶行動電話使用規範原則」，關機時間為上課，包含自習課、課後輔導及外堂課，以及下課期間、定期評量、早自習、午休、集會及其他公開場合。遇臨時、緊急或其他特殊需要，得向老師報告，經同意才能開機使用。大學生因無手機使用規範，上課滑手機十分普遍。

一九九八年美國「全國年度教師」菲力浦．比格勒認為，「教學的困境及原因」主要是（李茂編譯，2008: 88）：

學生集中注意的時間縮短了，都是電視和電子遊戲所造成。學生被電視眼花撩亂的圖像淹沒，而電子遊戲對學生的視覺刺激，更是難以想像。

多年來我看著大學生上課滑手機，剛開始也很難「忍耐」，雖努力以活動吸引或要他們上網查資料，都只是「治標不治本」。某次上課，幾位學生一直用手機玩電子遊戲、傳訊息，我提醒無效，忍不住伸手要「沒收手機」。他們的臉色頓時難看，我成了「全班公敵」。

事後我努力改善師生關係，包括請全班吃東西，都「徒勞無功」。我問過自己無數次：「到底是誰的錯？」因大學老師無權沒收學生手機，所以我的錯較多吧！

還是有大學生想改善受制於手機的狀況，學生說：

對老師感到很抱歉，您努力想讓學生吸取您所知道的知識，但上課時我卻一直滑手機。我知道這樣很糟糕，也認同手機有一天會害死我，不該被綁架，但……。

我曾被老師委婉提醒上課不要滑手機，但我的注意力不持久，只要手機出現有趣的事物就分心，其實我還是在注意教學的進行。有些同學明顯沒在上課，就算收起手機也不會認真。現在手機盛行，學生已慣性低頭，認為可以一心多用。

也有「傳奇故事」，某大學的學生說：

我們學校的學生普遍自律，上課時大家都搶坐前面，即使坐後面也不會不認真，鮮少拿手機出來滑。

哇！這麼節制，你猜是哪所大學？

以前我會被學生上課滑手機的行為「制約」，愈看愈生氣及焦慮。現在我能「接納」這些行為，努力讓學生體驗教學內容的「價值」，加上多多鼓勵學生的好表現、建立良好的師生關係，漸漸我「看不見」學生滑手機了。

上課遲到、缺課

大學生上課遲到與缺席的現象愈來愈明顯，尤其班上人數較多時，學生以為老師不會花時間點名。或遇到「和藹可親」的老師，內心跟著鬆懈。有位學生看到我上課點名，就說：「如果你不強迫我來，我還可能來。若你強迫我上課，我一定不來。」

以前我面對學生「愛來不來」時，很容易「反應過度」，對缺席者忍不住與碎唸，使出席者覺得憤怒，浪費他們的時間以及認為我很「軟弱無能」。現在我「看重」來上課的學生，「尊重」缺席的學生，但還是會悄悄點名。

學生缺席除了因為起不來，還有路途遙遠、交通不便、打工、所讀學系不符志趣、學校資源不足、班上讀書風氣不佳、老師評分太嚴格、作業及要求多等許多原因，不是老師都管得了的。

近來「棄修」及「休學」也明顯增加，除了對所修科目不感興趣，還包括想轉系、轉學或重考，甚至想放棄大學文憑。**因為個人身心狀態或家**

庭問題而休學的，也愈來愈多。

學生遲到、缺席、不專心若是因為學習動機低落，則可能變成「習得的無助」。如：成績百分位數PR值低、離菁英階級太遠、不能突破基本學力的「C等級」——待加強、最末段。

面對學習遍體鱗傷的學生，老師生氣、處罰有用嗎？經歷大考壓力使不少學生對學習消極，點名及扣分不足以導正與激勵，老師要改變心態，設法為學生「療傷止痛」，鼓勵及肯定他們上課準時及不缺席的努力。

二〇二一年八月，公共政策網路論壇發起「國、高中上課時間改為早上九點半到下午五點」的提案。因為早上七點多到校使青少年「無良好睡眠」，影響認知表現、生理發育及情緒調節。延後上課使遲到者變少，整體學習成績提高。

經上萬人連署，教育部研議後宣布，一一一學年起全國各高中第一節課八時十分前，不得強制學生到校。早自習、第八節課後輔導禁止考試，減少朝會次數。

優先開放高中階段實施，是因他們即將步入成年，應給予更多自主運用、學習生活管理的機會。參考一下國外的上課時段：

德國與墨西哥：早上八點～下午二點；
日本與加拿大：早上九點～下午三點；
俄羅斯：早上八點半～下午三點半；
南韓：早上八點半～下午四點半；
美國：早上八點半開始；
英國與澳洲：早上九點開始。

與他國相較，我國不只應延後上課時間，還得提前下課呢！除了改變排課時間、教學方式，校方對於缺課過多者要否課業補救及其他輔導呢？如：時間管理、生活作息、情緒管理，以幫助學生建立長程目標、提升外語能力、準備證照或國家考試、出國留學遊學或當交換學生、擔任志工、企業實習等。

有些大學將缺課過多或成績達二分之一不及格者，列入「預警名單」，讓教授提前輔導與挽救。以我來說，經過關懷與努力，缺課情況確有改善，但休學或退學就不是任課教師所能防止，需要系主任、導師、教務處、心理諮商單位一起努力，以免學生反覆地休學、復學。

出缺席及班級秩序本屬中小學「班級經營」範圍，但高等教育普及以後，教授也得成為「帶班專家」，以堅定的態度及明確規則，對學生實施「正向管教」，建立師生的「正向關係」。

以前我曾為大學生的書面報告錯別字太多、不寫標點符號、不分段落、沒有標題等而煩惱，不知要否為這些「小事」提醒及糾正學生？讀研究所的女兒鄭重地告訴我：「一定要讓學生修正那些缺點，我以前的高中及大學老師都這麼做，而且再不教就來不及了！」

從前的教學大多「以教師為中心」，學生要適應老師。而今則需調整為「以學生為中心」，因應個別差異或多元化教學。所以，現在我想「實驗」一下，「不在意」學生上課遲到、缺席、滑手機、吃東西、睡覺，我一樣能「教得開心、教得很好」。

如何面對「特殊學生」？

學生若因身心障礙而導致無心學習，特教、校外身心科醫療網以及家長就要共同承擔責任。老師是最前線，需通報與請求其他團隊的支援。

電影推薦

《布拉姆的異想世界》(2012，荷蘭電影)。布拉姆即將上小學了，他原本對上學充滿期待，進小學後卻發現自己做什麼都錯，他開始討厭上學，甚至裝病逃學。

電影一開始便看到活潑的布拉姆一直闖禍，例如，刷牙可以壓垮浴室布簾，手機掉進馬桶，拿吸塵器吸媽媽的長髮，吃早餐一再翻倒牛奶。即使如此，母親依然包容、接納他。

讀小學後，母親不敵老師一再抱怨布拉姆上課不專心、作業無法完成、程度跟不上同學，感到沮喪、生氣，老師甚至建議把布拉姆轉到特殊學校。

其實布拉姆的導師是一位盡責的老師，只因為太傳統而失去彈性。他要動個不停的布拉姆不要動，責罵布拉姆發言前沒有舉手，處罰布拉姆不准下課，甚至把他趕回幼兒園去上課。布拉姆這樣形容他的導師：

老師總是對我生氣，總是對我說不好的話……老師認為我很笨，認為我故意找他麻煩……老師不知道說好話很重要，人的腳就是要動的。

導師看到布拉姆爬上班級的櫃子，急著把他抓下來時摔倒而腳部嚴重骨折。年輕的代課老師發現布拉姆的特質，改以不同的方式對待他。上課不時穿插肢體活動讓大家一起動，避免「標籤化」布拉姆的「過動」。代課老師還讓布拉姆動得有價值，讓他當小幫手，幫校長及老師穿梭於各處室送東西。

導師的骨折事件看似布拉姆害的，其實是導師自己不小心。電影最後布拉姆還是向老師道歉，他唸出自己的道歉信：

我不是壞蛋，有時候我很棒，相信我，對我好一點。……上學讓我學到我就是我，我是布拉姆，布拉姆貝斯！

我國《特殊教育法》（民國七十三年公布，民國一〇八年修正）第三條：

所稱身心障礙，指因生理或心理之障礙，經專業評估及鑑定具學習特殊需求，須特殊教育及相關服務措施之協助者；其分類如下：

一、智能障礙。
二、視覺障礙。
三、聽覺障礙。
四、語言障礙。
五、肢體障礙。
六、腦性麻痺。
七、身體病弱。

八、情緒行為障礙。
九、學習障礙。
十、多重障礙。
十一、自閉症。
十二、發展遲緩。
十三、其他障礙。

有些類別的障礙似乎熟悉，有些則很模糊，如「情緒行為障礙」，依《身心障礙及資賦優異學生鑑定辦法》（民國九十一年公布，民國一〇二年修正）：

情緒行為障礙，指長期情緒或行為表現顯著異常，嚴重影響學校適應者；其障礙非因智能、感官或健康等因素直接造成之結果。

前項情緒行為障礙之症狀，包括精神性疾患、情感性疾患、畏懼性疾患、焦慮性疾患、注意力缺陷過動症、或有其他持續性之情緒或行為問題者。

一般老師可能知道「注意力缺陷過動症」，對精神性疾患、情感性疾患、畏懼性疾患、焦慮性疾患可能感到茫然。我曾擔任學生輔導中心主任及諮商老師，也教授「心理諮商理論與實際」、「輔導原理」等課程，所以對心理疾病較為敏感，但仍誤判及錯失「轉介」時機，致使學生沒被「接住」而自傷傷人。

幫助身心障礙學生不能只靠老師一人，要組成「教學及輔導團隊」，以「接力賽」或「拔河」方式共同搶救。平時老師要營造安全的上課氛圍，讓學生勇於向老師訴說困擾，才可及時「危機處理」。上過我的溝通課程的某生說：

> 我依然患著憂鬱症，現在的伴侶給我最大的支持，在我感到無望時無條件陪伴我。只是他也有累的時候，所以這時候溝通就顯得重要。
>
> 我們的溝通過程總是跌跌撞撞，有憤怒有不理解，但冷靜下來時我們能討論該怎麼做會更好。我的人生歷程，讓我對這堂課的很多議題都有共鳴。

學生的心理健康可能影響學業表現，不少成績優秀的學生因無法面對挫敗及不肯示弱，有心理疾病也不敢求助、怕人知道，因此延誤就醫，常惡化到無法挽救，實在可惜！

作業都寫不完，我真沒用！
成績這麼爛，還有什麼未來?!
按照興趣發展？我也想啊！但是……
沒有人一開始就很完美！
一步一步來，老師陪著你，做你有興趣的事情！

2 成為學生的「北極星」 有智慧的「慈悲」

我喜歡看實境節目，尤其《沉重人生》、《戰痘醫師》、《腳痛要人命》這類身心健康者。看到各種疑難雜症獲得解決，患者重建自信、改善人際關係及未來發展，我也跟著高興。好醫師不僅展現高超醫術，更得有高度同理心，才能解除苦難猶如自己受苦，逆轉人生如同自己的人生。

《戰痘醫師》節目裡，絕望的患者常對李醫師說：「你是我最後的希望」。術後神奇的療效出現時，患者除了喜不自勝、難以置信，更加萬分感激地說：「李醫師，你改變了我的人生」。

電影推薦

二〇一八年印度電影《我的嗝嗝老師》，描述罹患妥瑞氏症的奈娜老師從被學生嘲弄到贏得尊敬的故事。奈娜老師無法控制發出打嗝似的怪聲，緊張的時候打嗝得更厲害。她的學生也是狀況百出，大都屬於經濟弱勢而且調皮搗蛋的「F等級」學生，就是從「A級」數過來最差的第六等級。但她堅信「沒有壞學生，只有不會教的老師」，她努力改善自身的生理缺陷，盡力應對學生的挑釁及惡作劇，目標是提升學生的學習興趣。

有一晚，奈娜老師帶著學生到戶外，她舉起右手——四指併攏、拇指張開、掌心向外，朝著北極星說：「以前沒有指南針，水手和船長就把手放成這樣尋找北極星，為了指引方向。」北極星靠近地球正北方，航海人迷路時就尋找北極星定位。

後來奈娜老師遭遇重大的教學挫敗，她懷疑自己是否適合繼續當教師？這時學生們都舉起右手——四指併攏、拇指張開、掌心朝向她，她的眼淚奪眶而出，原來在**這群貧民窟孩子的眼中，奈娜老師就是他們的北極星！**

電影的結尾是在奈娜老師的退休典禮，畢業生紛紛回來歡送。從學生們合身的服裝、意氣風發的神態可證明，奈娜老師已指引他們找到光明、成功的人生。

老師需要「慈悲為懷」，以「感性」體會學生的痛苦，也要具備轉苦為樂的「理性」。「慈」是給予快樂，「悲」是拔除痛苦，且對學生一視同仁，不「選擇」受教的對象。聖嚴法師說：

慈悲是平等關懷一切眾生，不論親疏遠近，只要他們需要，就適地、適時、恰如其所需地給予幫助。

慈悲沒有分別，「無緣大慈，同體大悲」。無緣是沒有條件、平等無二，同體是眾生跟我是一個身體，他的痛苦就是我的痛苦，他的快樂就是我的快樂。聖嚴法師提醒：

如果慈悲而不平等，可能會造成對方的不平，使得被幫助的人對你產生不平甚至仇視。慈悲必須以理智為前提，否則便是缺乏原則的鄉愿之仁。

老師，是你將翅膀給了我

二〇二一年金曲獎年度好歌的入圍者之一是「五月天」演唱的《因為你，所以我》，其中有段歌詞：

你將你的翅膀給了我。
是你教我別害怕闖禍，是你讓我活得與眾不同。

「誰」願意將自己的翅膀給別人？多半是父母吧！另外就是下面這部電影描述的「德布拉老師」。不論學生問題大或小，老師常「悄悄」扮演「拯救者」的角色。老師為了使學生「不退縮、不遺憾」，自己吃盡千辛萬苦。

電影推薦

二〇〇五年印度電影《黑色的風采》(*Black*)，描述德布拉老師幫助又盲又聾的八歲女孩蜜雪兒，突破天生殘缺、重拾生命希望的過程。此片獲得印度奧斯卡獎最佳男主角、最佳女主角、最佳原創配樂、最佳攝影、最佳導演、最佳影片、最佳剪輯等多項大獎。

德布拉老師不只看見蜜雪兒的憤怒，更理解其心中滿滿的脆弱和無助。德布拉老師發現蜜雪兒「失去了靈魂、迷失了方向」，所以他的任務是：

我將給她一雙翅膀，用文字做成的翅膀。讓她在黑暗的世界裡，插上飛翔的翅膀。

就像海倫凱勒的老師蘇麗文，德布拉也用手指觸動來指引蜜雪兒。德布拉老師向蜜雪兒證明「世界上沒有不可能的事，蜜雪兒是與眾不同的」。德布拉說：「我會改變她的人生，魔術開始了。」他知道：「魔法師開始工作時，是不會讓人太開心的。」最初教學的確充滿艱辛與衝突，但好老師總會堅持做「對的事」。

經過師生多年共同努力，蜜雪兒終於取得大學文憑，她第一個想分享的人就是德布拉老師。可惜在她考上大學的那一年，德布拉老師因罹患帕金森氏症而失憶及失蹤了。蜜雪兒發瘋似的到處尋找，多年後才找到，她決定如當年老師幫她一樣，也要陪伴老師一點一滴喚醒記憶。

蜜雪兒覺得遇到德布拉老師的那一天，彷彿：「遇到一個魔法師，數年來他拖著我走出黑暗、走向光明。」

電影取名《黑色的風采》是因為蜜雪兒的世界「看不到也聽不到」，德布拉老師使她從黑暗走向光明。

二〇〇三年的美國「全國年度教師」貝西．羅傑斯說：「老師須以積極關愛的態度接納學生的全部，營造有助身心發展的氛圍。」一九八五年她剛開始教書時，看到里茲小學的學生貧困、受虐和無人看管，深感震撼及痛苦。她希望改變他們的生活，但也知道自己無法改變學生的世界。她發現學校可能是某些學生最好的地方，所以決定把教室變成具有安全感的地方，為生活不幸的孩子帶來歡樂。（李茂編譯，2008: 120）

許多孩子自我放棄、不想改變，是因為深深的「無助感」，太多的失敗經驗使他們喪失奮鬥的動力。面對學生行為問題或學業成績欠佳時，老師也會感無奈及遲疑，但**幸好仍有些老師想要「放手一搏」，即使他人不贊成、不支持，仍然擇善固執、踽踽獨行**。

好書推薦

《第56號教室的奇蹟》一書，是一九九二年「全美最佳教師獎」雷夫·艾斯奎絲（Rafe Esquith）的教學奇幻旅程。

雷夫最初在中產階級為主的小學教書，學生的家庭背景不錯、懂得尊敬老師、看似優秀傑出，但雷夫總覺得「天堂」太完美、不太對勁，自己並不快樂。

他選擇到「叢林」教書，那兒和天堂差距很大，空間擁擠不堪、學生的課業成績低得不像話、大半孩子的母語不是英語。雷夫遭遇許多失敗和創傷，卻感到真正的快樂。（李弘善譯，2008: 24–29）

雷夫的教室貼了一張標語——「成功沒有捷徑」，因為人「天生不平等」，有人含著金湯匙出生，窮孩子的夢想卻遙遙無期。雷夫認為，**如果市區另一頭的孩子閱讀能力較強，窮孩子就要投入更多時間、更多努力、遵守更嚴格的紀律，才能趕得上。**

於是雷夫延長學習時數，學校早上八點上課，他從早上六點半開始指導學生「數學」。（李弘善譯，2008: 36–37）別人下午三點放學，他繼續上「莎士比亞導讀」一小時，再陪學生自修二小時。（李弘善譯，2008: 71–72）

雷夫認為，總要有人提高窮孩子的成就標準。天堂學校的「天之驕子」

不但成績優異，還有父母悉心照顧及私人家教。總要有人告訴窮孩子「現實的殘酷」，然後施以補強計畫。**如果非要留下學生或延長上課時數，老師就該「放手一搏」！**

當現狀愈來愈痛苦，多數人選擇不反抗甚至麻木，幸好社會心理學研究發現總有「少數、特殊的人」發揮人性光輝、勇敢對抗現狀。他們做出屬於自己的決定，走出不一樣的道路。

多數人不願去「叢林」教書，因為那裡的孩子難教。幸好有雷夫老師這類「少數、特殊的人」，創造了教育奇蹟。

二〇二一年七月媒體報導，由阿嬤帶大的十五歲李姓少年，因經常打架鬧事而讓阿嬤頭痛。疫情嚴重時阿嬤做資源回收的收入變少，加上阿嬤兩度開刀，家中經濟陷入困境。好心的鄰居帶李姓少年於凌晨去批發甜不辣和排骨酥，再拿到菜市場叫賣。少年自豪地說：「擺攤不擺爛，如果不靠自己，下一頓飯不知道哪裡來。」擺攤兩個月後，少年湊齊了自己的學費和家中的水電費。

隔代或單親教養，較容易造成兒少發展與教育的負面效應，李姓少年如果單靠鄰居的善心，可能尚不足以改變命運，老師或學校還能為他做什麼？

老師的價值與附加價值

病人及家屬由衷感激醫生助其脫離險境、恢復健康，學生及家長是否也該感謝老師努力不讓孩子誤入歧途、斷送前途？「先知先覺」者少，所以老師要啟發「不知不覺」及「後知後覺」的學生，讓他們朝好的方向發展。避免學生問題由「輕症」轉為「中重症」，造成教育及輔導系統「崩潰」。

人們相信商業廣告「吃完美食再服用某種藥物或飲品，可以解除胃痛、恢復苗條」，卻不願意調整飲食習慣及生活方式。因為後者辛苦得多，單靠自己不容易成功。此時老師存在的價值，就是陪伴及督促學生改變習慣、訂定及達成較高目標。

家庭條件差的學生更需要老師，將其能力強度由「低」拉到「中」，再逐漸拉升到「高」，不再輪迴於「優勝劣敗」的宿命中。其實每個人都可經由良師而「更上一層樓」，各種潛力如：演講、寫作、運動、才藝，經由老師指導後，如同蘇格拉底所說的「產婆術」，均可以幫助學生更易「自我實現」。

學武為什麼要上武當山、少林寺？參加奧運比賽為什麼需要教練同行？因為老師或教練確有正面的影響力。新冠病毒大流行時，學生都留在家中「線上學習」，這時家長才知道，要搞定孩子的生活作息與學習效果有多難，不得不承認老師的不凡功力。

老師對學生的幫助不僅是行為控制，更在於打開「視野」，讓學生看到更好的自己與更好的世界。老師還能創造附加價值，如：經驗傳承、突破心理障礙、建立自信、培養品德。有些助力是學校及老師所獨有，例如「公開表揚」：獎狀、公佈欄、慶賀海報等，是孩子最需要的「社會性獎勵」。其他如同儕關係、團體活動等，都是成長過程不可或缺的「潛在課程」。

老師要讓學生不遲到、不翹課、完成作業、自動自發、提升學習成就，其難度不輸給運動或舞蹈的教練。而且不論學生多麼調皮搗蛋，甚至以肢體和言語頂撞、老師，都要承受得住。這需要老師不斷「自我激勵」，展現「處變不驚」、「只問耕耘，不問收穫」、「愚公移山」的意志力！

「自我激勵」不是宣示或自我安慰，而是需要培養的專業素養。若無這份專業知能與態度，老師就容易放棄學生及自己的職責。我曾在台北教育大學開「溝通與激勵」課程，我承認當時沒能體會「激勵」的精髓，不了解這是需要培養的技能，還當成只是一份心理素質、修養、心法，只是跟自己的「精神喊話」。現在才知，**激勵是老師必要的「修煉」，是必備的教育專業技巧。**

德國社會學家馬克斯．韋伯 (Max Weber) 認為權威有三種：魅力型、**傳統型、法理型**，傳統型權威 (Traditional authority) 是依賴傳統或習俗的領導，是封建、世襲制度的基礎。這種權力不利於社會變革，往往是非理性的。被支配者抗拒到一定程度，就會產生「傳統的革命」，朝理性的法理型權威 (Legal-rational authority) 發展，以法律來行使權威。魅力型權威

(Charismatic authority) 亦稱「感召型權威」，基於個人特質、洞見或成就來吸引人跟隨、效忠和服從。這種權威帶有濃厚的天啟意味，過度強調即可能「神化」，產生盲目崇拜，如今稱為人格魅力權威或參照權威，以個人的溫暖、包容等人格特質使人尊敬及想親近、仿效。

教師權威（Teacher authority）（張建成，2000年12月，教育大辭書）包括地位權威、法定權威、專業權威，因傳統文化與職業聲望而有「地位權威」，要求學生上課、參加學校活動、考試、準備作業、遵守學校規章而有「法定權威」，最重要的「專業權威」建立在專業知能上，並具有明確的教育目的。教師的地位權威及法定權威，均須統攝於專業權威之中。

教師是推動社會進步的重要力量，所以民眾對教師有較高的專業要求。人格是教師魅力的核心，通過長期實踐而形成獨特的感染力與號召力。教師不僅是知識的傳授者，更是生涯引導及心靈培育者，需要很高的教學技巧。

教師要好好維護形象，「凡學之道，嚴師為難。師嚴然後道尊，道尊然後民知敬學。」（《禮記．學記》）「嚴師」指「尊敬老師」，我的碩博士論文指導教授賈馥茗先生有另一層次的解釋，她認為是「嚴格選擇老師」或「善於選擇老師」。所以「師嚴道尊」是指：老師尊重自己的任務，學生才會重視學習。唯有老師力求改進，學生才能跟著進步。

社會為何要尊敬老師？老師為何要看重自己的職責？因為老師是指導學生人生方向的「北極星」，老師克盡職責才能使學生大幅進步。

教學是很大的挑戰，戰勝才能獲得尊重。傳統所謂「天地君親師」，將老師與天地君親並列，是因為老師付出很多、令人感佩。而今若老師覺得不受尊重，先不要感慨，而要多與家長及學生互動，以具體行動累積教學成效。「事實勝於雄辯」，必能「贏得」學生、家長及社會的信任。

好的教學能讓學生「自願改變」，不必老師監督也能改過向善、自我超越。有些自認聰明的學生對小事置之不理而拖成大事，例如學期初不提早準備課業，期末同時趕三、四份報告及準備三、四科考試才悔不當初。平時自我放縱「再睡十分鐘」、「明天再看書」，累積後讀起來不僅太累也沒有效果。這些都得學生能「自我察覺」，才能自我修正，老師的施壓或提醒只有短暫效果。

教學是為了滿足學生需求、解決或預防問題發生，例如修過「情愛溝通」課程的學生對我說：

從小到大沒有哪堂課教我們如何談戀愛、表達情感，以及解決糾纏的愛情。結果因為身心不成熟或經驗不足，不僅傷了別人也讓自己遍體鱗傷。看到「情愛溝通」這門課，我立刻把它填為第一志願！課堂上老師跟我們討論好多愛情問題，令我印象最深刻的莫過於老師透過流行歌曲分析愛情。告五人的《在這座城市遺失了你》：「天變地變／我們的愛也變」、「而我愛你／而愛無法／撐起」。好多感情為何最後會變質、承諾無法實現？即因雖有愛若其他事情沒處理好，就沒辦法好好走完。

老師的課程帶我反思，如果那些問題發生在我身上，要如何應對？我期待上過課後，自己能成為愛人也被愛的「可愛之人」。

學生除了自我改變，還可協助周遭同學一起變好。一位上過心理學課程的學生說：

如果現在讓我回到高中，我一定盡己所能幫助某位同學，在她心情低落時陪她散心，在她拿著刀片去廁所及時阻止，並積極建議她找輔導老師談話。

以前我只當個旁觀者，希望現在及未來，我能努力幫助朋友改變人生。

戲劇推薦

二〇一八年日劇《我們的奇蹟》，描述大學講師相河一輝與學生之間，從格格不入到相互敬愛的磨合過程。

相河老師不在乎別人的眼光，堅持「做自己」。因其生活能力不足，常讓周圍的人感到困擾。最初他不受學生歡迎，甚至被認為是「怪人」。他對所教科目「動物行為學」十分投入，經常帶學生到野外考察，還會模仿各種鳥類的叫聲，逐漸使學生喜歡這門課，也包括喜歡教這門課的相河老師。

相河的跳躍思考曾使學生感到疑惑，但慢慢地學生被這位特別的老師吸引。相河待人真誠，熱心幫學生尋找人生目標、建立自信。不知不覺中，學生已受到相河正面及深入的影響。

對於「龜兔賽跑」的故事，相河也有不同於一般人的詮釋。他說：「烏龜完全沒有努力，因為牠對競爭和勝負沒有興趣，只單純享受著『向前走』這件事。」**多數人從小被灌輸「要努力向上、取得成功、勝過別人，才有幸福生活」的觀念，其實從生物進化的歷程來看，並非必然。**強悍的動物絕種了，繁殖力低下、搶不贏肉食動物而被逼著吃竹子的熊貓，卻活到今天。

相河在中學時愛上「生物研究」，為了得到老師更多讚賞，反而失去觀察動物的熱情。爺爺告訴他：「是你想做的事，就放手去做。如果覺得不得不做，就不要去做。」

相河老師「以身作則」，充分示範「做自己」及「突破社會價值觀」的

重要。這樣的教學使學生真正有收穫，而且非常幸福。

教出意義來

師生關係原本單純，老師只有「無私奉獻」，如蘇芮所唱《奉獻》：

白鴿奉獻給藍天，星光奉獻給長夜，我拿什麼奉獻給你，我的小孩。……我拿什麼奉獻給你？我不停的問，我不停的找，不停的想。

「奉獻」需要「額外」的時間、心力甚至金錢，老師能否做到？不少老師疑惑：「放學後要否接家長的電話？」多數老師傾向「不接」，因為依《勞基法》第30條規定：「勞工正常工作時間，每日不得超過八小時，每週不得超過四十小時。下班後可以不用處理工作的事，雇主不可以再交辦工作。否則視同加班，需加發工資。」雖然我國公私立學校的教師不適用

《勞基法》，五月一日無法比照勞工放假一天，但老師還是不想「加班」。

老師以上下班時間來區分要否付出，會否給人冷漠的感覺？老師要關**心學生又要兼顧私人生活，兩者如何平衡？**

電影《藍色大門》導演易智言二〇二〇年在臉書說：「不再繼續教書了」，因為他的母系政大英文系請他開「創意寫作」課程，臨時卻通知「沒有經費」而暫停。一年後再請他開課，也只有兩位英文系同學選修，加上外系才有八、九位學生。

另外，易導演覺得被學生「騷擾」，因為學生不只問他有否實習或當演員的機會，還希望他私下指導寫劇本。易智言懷疑：「老師是否就該奉獻？」他說：「當一切荒蕪，幹嘛奉獻……奉獻要讓我覺得值得，無條件的奉獻是母愛，我不母愛。」

我擔任國中老師時，教育局還規定導師要「家庭訪問」，了解學生的家庭狀況。此外當時有不少老師自願放學後、週末假日或寒暑假，到校為成績落後或準備升學的學生免費課輔。

傳統所謂「一日為師，終生為父」，因老師如父母般對學生呵護備至、傾囊相授，所以受人尊敬，但老師一定要奉獻嗎？如何抉擇？

好書推薦

精神科醫生維克多．弗蘭克（Viktor Frankl）是二戰「猶太大屠殺」下的倖存者，經歷三年集中營非人生活後獲救，但父母、未婚妻及兄弟均被殺害。

戰後他出版了《活出意義來》（*Man's Search for Meaning*）一書（趙可式、沈錦惠譯，2008），以尼采所說：「只要參透為何而活，即能承受任何煎熬。」(He who has a "why" to live can bear almost any "how".)，開創心理諮商的「意義治療法」。

他發現集中營內可分為兩類人，一類不勝折磨，找不到存在的意義，因而失去求生意志。另一類則**相信生命裡必然存在某種意義，一定要找到它，所以能在絕境中產生驚人的求生意志。**

即使在平日的環境裡，弗蘭克也看到不少人困在某種「心理牢籠」中，熱情逐漸消逝，生活動能和創造力跟著喪失。**解決這個問題的方法很多，其中之一是擔任志工，善用意志力去體驗其中的「意義」。**

恢復或增加熱情的方法，是找到生命或工作的意義。老師要找到「為何而教」的意義，才能應付突發或累積的教學困境；不陷入消極的心理牢籠中，甚至擔憂自己被討厭、被淘汰。我曾問恩師賈馥茗教授：「因為少子化及社會變遷，班級數減少使老師可能因減班而調校，要如何因應？」恩師回答：

先不要管學校過去有多輝煌，也不要擔心學校將來會不會萎縮，只管現在將學生的學業尤其是品行教好。如果教得好，哪怕不住在這兒的學生也會來讀這所學校。

如果老師不先反省如何把學生教好，只是唉聲嘆氣、活在過去，就無法解決問題。

老師要把握住一個教學原則，就是不管班上有多少學生都能因材施教。不能急，以為教一節課或一個月就能教好。總要努力一段時期，堅持原則、挺得住，不受外在的影響。

老師個人的去留與聲望，不是第一考慮，主要還是靠你的教學結果來判斷。

馥茗恩師提醒在教學現場的老師：

很多事情不可能符合自己的理想，不要因此就向不合理低頭，要在不合理當中做合理的事。今天所做的就是那個「因」，就是你播下的種子。

老師的心態要改變，現代家長對教學的期望很高；老師要負起責任，不要先問個人前途。誰也管不了將來，將來可能有很多變化。

我曾收到一則學生訊息，說他決定退掉我的課，因為上了三堂課之後感覺幫助有限，在退選前跟我說一聲，希望得到我的支持。我告訴他：

先跟你說個故事吧！我年輕時到某大學任教並兼任行政主管，沒幾天校長召見時，她知道我是師範出身，就用嚴肅的口吻對我說：「我不喜歡師範院校的僵化、保守、權威、沒有創意，所以千萬別把學生教成那樣」。

我覺得她對我的母校台師大有偏見，頗感冤屈、受辱，所以打算辭職不幹了。當我把這個決定告訴馥茗恩師時，老師笑著說：

不能辭！當別人說你十個缺點時，不能走；要努力做到別人說你十個優點，才可以走。你現在辭職，師範院校又多了一個缺點「小氣」。

所以我請這位學生不要太快「退選」，等發現這門課的十個優點再走。

放棄容易，深耕及生根就是個人的本事。下週上課時，我看到一雙特別明亮的眼睛，他留下來繼續上課了。期末時他告訴我：

老師還記得我們首次通話的一個多小時嗎？現在回想，還有些許慚愧。當時竟然跟老師提出私人因素而想退出這門課，現在則很慶幸繼續選修。這門課對我最大的收穫，莫過於交了老師這個朋友，增加了許多見聞。

我重新思考與老師的對話，我說：「經過兩、三次上課，我找不到在這門課學習的理由。」老師的回應是：「親自學過，才會真正體悟。而且你是組長，要帶領學弟妹呢！」老師說得對，大四的我若非學長姊的栽培，怎麼走得過來？

學生的回饋，尤其是正向回饋，能讓老師知道自己的教學方向正確，重燃教學熱情。一位修過我「領導與溝通」課程的學生說：

這學期我面臨研究所的推甄，很幸運在這門課上學到溝通技巧及領導能力，不論是找教授寫推薦信、推甄的備審資料準備或面試的表達，都能將課程所學運用，最終得到不錯的成績，順利考上理想的校系。

隨著慢慢步入職場，覺得這樣的課程更加重要。我非常認同老師所說：「除了具備本科系知識，好的溝通及領導能力更不可或缺。」我本身是營建工程背景，營建產業包含顧問公司、營造廠、政府公家單位。以產業工作人員來看，從土木技師、結構技師、工地主任或小包工，每個人的學經歷都不同，若不能好好溝通，建築物的安全及完整，絕對會打一個折扣。

好好帶領「身心受創」的孩子

每個人的成長過程難免遇到困境，需要別人關心與協助。如今社會快速變遷，許多學生因應不及，有明顯的心理困擾需要老師的輔導與鼓舞。

身心受創的孩子除了可見的痛苦之外，還有許多不易體會的心酸，老師要怎麼幫忙？

1. 正視他的痛苦，先進行可處理的部分

手法要輕柔，態度要平和，不必誇張式的同理心。為了處理問題而不得不觸碰他的痛處時，要想到「短暫痛楚即可消除累積的巨大悲傷」。處理手法需靈巧，否則反而加劇及延續傷痛。除了自己謹慎處置，必要時應轉介給更專業的團隊接手。

2. 正確的同理心

不能看到學生的慘狀，就慶幸自己沒有那麼糟糕。更不能認為「如果是我，就不會變成這樣」，流露出貶低學生的姿態。要相信學生「會到這個地步，一定有其理由」，但不必追究或責怪原因，而要盡力陪伴，一起找到最佳解決策略，讓學生重見光明。

3. 一份責任感

學生問題愈嚴重，老師要承擔的責任也愈重，方法不對就會讓問題惡化。一般老師擔心自己對心理疾病的認識不足，難以有效辨識與協助，如憂鬱症、躁鬱症、泛焦慮症、創傷症候群、自閉症、人格違常、思覺失調等。所以老師要多進修、多請教，才能避免學生自我傷害或傷害他人。

重要觀念／做法

不是所有問題都全交由導師或有愛心的老師處理，要依「輔導系統」分工，由基礎到醫療分為初級預防、次級預防、三級預防。

1. 初級預防：增加保護因子、減少危險因子，培養學生解決問題的因應能力。**學校為學生及老師舉辦心理健康講座、團體輔導、工作坊、影片賞析**，包含：生涯、學業、愛情、人際、家庭、性別、情緒與壓力管理、基本心理疾病認識等各種主題。

2. 次級預防：早期發現，早期治療。若遇緊急危機個案，則啟動保護機制，阻止其自我傷害或傷害別人。邀請高關懷學生到輔導單位晤談，加強個別諮商。整合校內外專業人員的資源，如：臨床心理師、諮商心理師、精神科醫師等。**教學團隊要共同商議「特殊學生的教學與輔導方式」，包括與家長合作。**

3. 三級預防：經諮商心理師評估或個案確有精神疾病症狀，可安排精神科醫師進一步診斷。諮商心理師持續了解個案的就醫與服藥狀況、家庭支持系統、對疾病的認知與態度，協助個案因應生活與疾病帶來的壓力，也提供支持、了解與陪伴。**必要時諮商單位要與任課教師們協商，採用適合該罹患心理疾病學生的教學評量方式。**

因家庭問題如父母失和、經濟因素、家庭關係複雜，導致學業受挫或可能中輟，就需要專業及有經驗的老師提供課業輔導、生活陪伴、心理輔導及生活自理能力訓練，提升其成績、培養溝通能力，才能順利學習、考上符合興趣的學校。

學生不願向老師表達或對老師的關懷沒有反應時，需轉介至學校輔導室。學生可能以為進輔導室代表有問題或不正常，**尤其平時表現優異的學**

生，更不願別人以為自己有問題，導致無處吐露心事更加「傷痕累累」。老師要說服並陪伴學生及家長一起尋求專業意見，及早知道問題所在才能「對症下藥」。

幫助學生不能只看「表面」，要協助學生學習各種改善方法，以免離開老師後故態復萌、舊疾復發。這就要老師及輔導團隊多花時間、力氣、精神和創意，好好認識學生問題，透過經驗而以「四兩撥千斤」的巧勁來處理，之後還須定期觀察與追蹤。

老師要有耐心，不急於「畢其功於一役」，要設法以最小力道減少對學生的傷害，且獲得最大效果。若想「防患於未然」，就需要周詳的「教育與輔導計畫」，教導與執行心理健康、人際關係、助人行為、團隊合作、社交行為、體能運動、衛生習慣、生涯規劃等生活技能或非認知能力。

不只要消除看得到的問題，更得讓問題不再復發或惡化。這部分也是父母師長及所謂明星學校要共同正視的課題，不要顧此失彼，只想孩子成功卻不管他快不快樂。

兩位都是老師啊！聽說現在的學生很難教，是真的嗎？
真的！教什麼都不聽！真想叫他們不想學就不要來了！
有些學生可能不想學或學得較慢，所以要引導他們找到方法。
還有要有耐心地溝通。

3 有能量的「正向表達」 不抱怨的溝通

面對社會的殘酷面或受到委屈、冤枉時，你能「選擇」不抱怨、不生氣嗎？這是一項困難的功課，但唯有如此才不會驚慌失措。「情緒化」無法做出好決定，有意識地控制負面情緒才不會引起無謂的爭端及傷害。

想當年，我的爸爸面臨入獄、離婚、失業、生病等問題，能「不抱怨」嗎？一個男人要養大四個孩子談何容易？他可以把孩子送到育幼院或放棄管教，任憑孩子淪入幫派、吸毒、犯罪。最糟或無路可走時，則可帶著孩子「同歸於盡」，但爸爸選擇了即使拖著病體也要與我們在一起的決定，既不批評離家出走的媽媽，也不抱怨老天爺不公平。他用盡全力地愛孩子，晚上帶我們出門散步、談心，假日帶我們去親戚家玩。離婚後爸爸仍和媽媽的家族保持良好關係，旗山、美濃、六龜、鳳山、小港這些客家庄，是我童年美好的回憶。

爸爸常說他的四個小孩都很乖，是他最大的快樂與成就。我們和爸爸都很親，每人都自認是爸爸的「最愛」！

「人際關係與溝通」到底有多重要？人性都渴望被安慰、瞭解，如果老師願意多傾聽，學生便能正視自己的價值。老師與學生談話，雖然要多花時間，且不是所有學生都能領情，但對於「大多數學生」的學習、心靈成長會有助益。

網路或教學科技雖有效率，但無法安慰一顆失落的心，不能提供可以倚靠的肩膀，更沒有關愛及讚賞的眼神。人類獨有的同理心、瞭解、欣賞等功能，是機器或AI無法取代的。

「不抱怨」的運動

「不抱怨」有多難？威爾．鮑溫（Will Bowen）牧師撰寫《不抱怨的世界》（*A Complaint Free World*）（陳敬旻譯，2008）一書，大力推展「不抱怨運動」。參加者戴上一個紫色手環，察覺到自己抱怨就將手環換到另一隻手，以連續二十一天不換手、不抱怨為目標。

為什麼要提倡「不抱怨」？因為「抱怨就是用不可思議的念力，在尋找自己說不要卻仍然吸引過來的東西。」抱怨只會使人「更負向」，「不抱怨」才能「轉正向」。以「紫手環」來「逮住」負面情緒，然後釋放它。

如今，大學教授也得「通情達理」，注重師生溝通才能落實教學成效。對學生不能抱怨或命令，要用「充分的理由」來說服，還要「動之以情」，與學生建立信任關係。

二十多年來，我陸續在十幾所公私立大學擔任「兼任教授」，常因不了解學生的特質而「踢鐵板」，愈想當個好老師愈容易「出事」。例如，我太堅持學生應盡的本分，如準時、專心、不滑手機、師生眼神交流等，不僅被學生討厭、嗆聲，教學評鑑也被「負評」，甚至影響到是否續聘。這對我的教學熱忱打擊不小，師生關係如「驚弓之鳥」，影響了教學士氣與效果。

學生很討厭老師「以偏概全」，或重複數落某些缺點，因為打擊他們「想學習」的心。老師與學生若形成「抱怨關係」，老師會變成「自己最不想要的樣子」，不再對學生付出與關心。反之，**焦點放在「希望教室內發生的成果」，一點點好事也對學生表達感激，情況即會「逆轉」。**

美國紐約時報專欄作家、哈佛大學心理學博士丹尼爾．高曼(Goleman, D.)，數十年來倡導「EQ教育」，認為真正的成功不僅是「不抱怨」，更專注於「好事發生」，要努力「創造更多正面情緒」，方法如所著《情緒競爭力UP》(歐陽端端譯，2013)一書說：

北卡羅來納大學心理學家芭芭拉・佛列德瑞克森(Barbara Fredrickson)發現，過著富足人生的人，也就是人際關係良好，能從工作中得到滿足，或是覺得自己的人生有意義的人，他們的正面情緒與負面情緒比至少為3：1。在最優秀的團隊中，正面與負面情緒比是5：1。

有溫度的溝通

電腦科技使人際「真實接觸」減少，近幾年新冠疫情更拉開「人際距離」。此時「有溫度的老師」就能給學生及家長「光與熱」，成為太陽而非北風，獲得學生及家長「正向的回饋」，讓教與學的動力源源不絕。

《Cheers——快樂工作人雜誌》提出「新顯學」——「好人也要懂心機」，主張「一個成功的職場工作者，又有所謂的『善良心機』，簡單的說就是要眼利、心細、嘴甜。」（許書揚，2011，125 期）。不論身段、口吻、措辭、表情、情緒表達、動作等，都要「軟」、「甜」、「穩」、「勤」。這道理看似簡單，卻需要對「人情世故」有相當理解與領悟，才能靈活運用。簡而言之，好的溝通即「以柔克剛」之道。

溝通典範

實境節目《戰痘醫師》裡的李醫師，不僅「妙手回春」，溝通技巧也是成功的原因，例如：

1. 建立最佳的第一印象：與病患初次見面，李醫師親切的笑容、專注的眼神、輕鬆的身體姿態、熱情的招呼、幽默風趣的措辭、甜蜜真誠的讚美（說病患非常英俊、非常可愛……），充分展現同理心與專業能力（真正了解病患的心情與病情），大大降低病患的防衛心與焦慮感，使其願意對李醫師和盤托出自己的困境。

2.輔以最佳的語言說明及非語言溝通：李醫師在診療時對患處輕柔的觸摸、仔細的觀察與檢查，對病患詳細的解釋病情。當她感受病情對病患產生的痛苦時，真誠的表情變化更令患者及家人感動不已。

3.緩和病患的緊張與痛苦：李醫師術前打麻醉針，一定預告有些刺痛，之後就不會有感覺了。並提醒病患手術時若有疼痛要立刻說出，再補打麻醉劑，且對造成病患的疼痛表示歉意。她同情病患的緊張、不舒服，邊動手術還邊跟病患輕鬆交談，以分散其注意力及降低恐懼感，並誇獎病患很勇敢。

4.誠實說出困難的話題：有些病患的皮膚病變是自身無法控制的抓癢造成，這是心理因素並非皮膚問題。雖然直接說出會使病患難以接受，但李醫師仍選擇說實話。說完她並沒有把病人「推出去」，仍以藥性繃帶綁住傷口，以避免病患直接搔抓。

5.完整的結束：病患的狀況超越她的專業時，她會將病情解釋清楚，讓病患知道該怎麼處理。或轉介患者到住處附近的醫院，或由其他專業醫師一起治療。對於治療成功的病患，李醫師會「後續追蹤」其康復的生活情形（高關懷），做最完整的照顧。

從前，老師只需認真教學、學生成績有進步，任何管教方法都能被接受。現在，老師需留心自己的溝通態度與言詞，「良言一句三冬暖，惡語傷人六月寒」，要覺察話語及文字給學生或家長的感受，以免不小心成為霸凌、歧視，傷害對方的自尊，甚至引起反彈。除了破壞人際關係，還可能犯法、被判「民事賠償」。

例如，學生怎麼都學不會或表示沒興趣、想放棄時，老師要發揮耐心，理解其學習脈絡與資質性向，包括：家庭有否足夠的支持、父母的期望與管教方式。不只詢問有否買參考書或上補習班，更要設法激勵與引導。

不同的溝通方式會否效果不同？下列是溝通「天使」與「凡人」之對比：

表4-1 溝通的演練：

天使	凡人
打招呼	不理人
感恩與致謝	視為理所當然
自信與謙虛	自我彰顯或過於自卑
眼利、心細、嘴甜	粗心大意、有話直說
提前商量或請教	事後彌補或死不認錯
關心自己也關心別人	過於關心自己或太在意他人
適切說出內心感受	完全說出或完全不說內心感受
情緒穩定與克制	情緒激動與宣洩
積極聆聽與同理	冷漠、拒絕互動
主動照顧與服務別人	等待別人的照顧與服務

各種宗教也常提醒，情緒控制對言語表達會造成不同後果，如《聖經》說：

快快的聽、慢慢的說、慢慢的發怒。（《聖經‧雅各書》）

不輕易發怒的大有聰明，性情暴躁的大顯愚妄。（《聖經‧箴言》）

暴怒的人挑起爭端，忍怒的人止息紛爭。（《聖經‧箴言》）

要在「對的時機」及「身心狀態較好」時溝通，例如，先睡飽或至少休息十分鐘到三十分鐘，待心情放鬆及平穩後再說話。用字遣詞要覺察及選擇，避免「脫口而出」涉及諷刺、羞辱的言詞，可能遭到強大的「反作用力」，如家長的控告。老師的言詞要離開「地雷區」，走向「搖滾區」。

表4–2 溝通的「地雷區」與「搖滾區」

地雷區	搖滾區
都是你的錯！	我也有錯，我沒有……。
這點小事都做不好！	慢慢來！把它拆解開來做。
你的字好醜啊！	試試看這樣練習。
這是你的事，自己處理。	先試著找出方法，有需要隨時找我。
某人做得那麼好，為什麼你不行？	你可以參考或試試某人的方法。
沒看到我在忙啊？現在不要找我！	我一定會陪你一起解決問題。
動作可不可以快一點？	加緊腳步、跟緊進度。
照我說的去做，別那麼多意見。	我的意見僅供參考，還是由你決定。
怎麼搞的？這是誰負責的？	若有困難，可以來找我。
我就說嘛！早就提醒過你了！	我最初沒說請楚，使你走錯了方向。

老師須具備高度「人際智能」(Interpersonal intelligence)，察覺並區分對方的情緒、意向、動機及感覺。對於臉部表情、聲音動作要敏感，能辨別不同人際關係的暗示，並對這些暗示做出適當反應。

要增強人際智能，具體的努力方向包括：能與人建立長期友誼、能使自己與別人自在、常擔任和事佬、常被人請求給予建議、常向別人請教、常採納別人的意見、常自願或被推舉為領袖、常對弱者伸出援手、有解除衝突的獨特方法、常參加社團或團體活動、有識人之明等（詳參「多元智能量表」，心理出版社）。老師的「人際智能」要優於常人，且設法更加完善。

正面、有建設性的表達方式

《王牌教師的教學力》一書作者道格．勒莫夫 (Doug Lemov)（江昀蓉譯，2014: 200–204）建議老師要「正向表達」，「用正面、有建設性的方式介入，糾正學生的行為」。為什麼要正向？因為老師容易將錯誤行為歸咎於負面意圖，例如分心、練習不足或誤解。道格．勒莫夫提醒，除非我們確定學生是故意的，否則公開討論這些行為時應保持正面態度，讓學生知道你認為他已經嘗試或願意嘗試你的要求。書中舉了兩個例子：

例一：「還有三位同學沒看著我，如果你是那三位同學，請趕快看著我。還有兩位同學沒有看著我。我們就快做到了。謝謝你。」

例二：「還有三位同學沒有看著我，而且還有一位同學似乎沒聽懂我的指示。有四位同學沒看著我。有些人好像沒在聽我說話。各位我在等你們看著我。如果有必要我會罰你們。」

想一想，哪種說法較常聽到？上述的例一，一切似乎都往正確的方向發展，因為老師敘述了自己的指令，與學生遵守指令之後逐漸進步的過程。老師讓學生注意班上遵守指令的情況，學生較能對自己的行為負責。

例二，一開始學生就感受到老師的擔憂與軟弱，並可以預料到最後一定有不開心的結局。因為每件事都是錯誤的，而且每況愈下。

道格．勒莫夫建議要小心區分讚美與肯定（江昀蓉譯，2014: 207–208），學生達成教師期望時要「肯定」其表現，學生超越期望、有卓越表現時要給予「讚美」。給予肯定時可簡單描述學生的成就，或只是一句「謝謝」即可。如：「約翰，你有準時為課堂做好準備喔！」頻繁的讚美反而讓學生認為他們表現不好，老師才要讚美。學生可能將廉價的讚美視為失敗象徵，而不是成功的獎勵。

馥茗恩師很善於溝通，她認為與學生溝通要「多誇獎，少批評及指責」。因為學生的差異大，要多用鼓勵、獎勵的方式，把命令變成與他「商量」，讓學習的「主動力」能夠出來。要承認學生的存在，讓他參加「決定」。

與學生相處要面帶笑容，以輕鬆的態度打招呼，讚美學生的上課態度及努力，讓學生覺得被需要、受重視。為了增進教學效果，要儘快抓住學生的注意力，方法包括老師的「造型」。例如，高雄美術館館長李玉玲，她的穿著有型、有氣質，能代表藝術專業，又看不出年齡，較易打破師生差距，讓學生自然親近。

老師要設法與學生建立信任關係，引導學生思考長程目標，逐步探尋生命意義、提升生命關懷及思辨能力。達成這些目標不是「說教」或提供「說明書」即可奏效，老師須跨越許多鴻溝，如：知識、經驗、時代背景等。

以時代背景來說，如何了解「新世代」的特質？跨世代溝通有哪些障礙？以一九九七至二〇一二年出生的Z世代來說，他們傾向彈性與任務，追求快速成功。希望得到即時回饋，渴望獨立、不喜歡別人干涉。在乎學業表現和就業前景。有較多心理壓力，容易有心理健康的問題。

Z世代成長在變化劇烈的年代，難免徬徨、不安與疲憊。匱乏感讓他們渴望參與及被看到，又害怕挫折與失敗。網絡科技的蓬勃發展，使他們花很多時間瀏覽社交媒體，勇於發表意見，不滿足於局限、既定的舊規則。雖然常感迷惘與無助，但不喜歡威權的批判，希望有一名「教練」在旁陪伴、引導、激勵與支持。

與Z世代相處，要先同理他們的想法與感受，多傾聽與提問，不否定、不評價、不建議。鼓勵他們自行探索目標，先預想得到什麼收穫、改變和報償，再進一步討論達成目標的方式，評估可能遭遇的挑戰及困難，最後歸納為執行方案。以分階段的小目標取代大目標，達到小目標就給予正向回饋，讓他們有即時的成就感。

Z世代從小被平等、尊重對待，形成強烈的自尊心，習慣受人肯定，想無拘無束的做事。因父母保護較多，遭受挫折機會下降，所以受挫時容易「惱怒、不服」，較不易自我改進。

為了避免與年輕世代溝通不良，引起師生關係緊張、影響教學心情。與學生溝通的原則如下：

1. 接納差異性：人際相處，因相似度而易「物以類聚」，所以老師要尋找及創造與學生的相似處。「個別差異」也是正常現象，不能強迫學生都像老師一樣。差異性可以構成「互補」，老師要以「正向」角度來了解並善用學生的差異性。

2. 不要求完美：沒有人是完美的，不僅學生，也包括老師本身。老師要示範「無須追求個人完美」的態度，多倚靠團隊的腦力激盪，開創更大的成功。

3.更完善的溝通：若要「成事」，則須「三思而後言」。為達成更好的教學效果，老師要多思考、多練習並比較不同的「溝通方式」，再選擇及創造更好的「說法」。

同理心的具體實踐

與學生個別談話，不僅是導師的責任，一般科任老師或像我這樣的，兼任教授也可主動與學生課後談話，讓學生有抒發及求助機會。大多數學生不會求助或不想讓人知道自己的問題，有些學生則覺得自己的問題很嚴重，說了也沒用，或不相信老師能夠理解。其實，不一定是為了解決問題，**老師只要願意傾聽，就能讓學生重新產生希望。**

學生受苦、失敗、憤怒，可能因為父母的期望與壓力、家庭問題、學習及適應困難、人際關係不佳、性格因素、心理疾病、生涯迷惘等，需要別人「同理」才能緩和負面情緒或壓力、降低威脅感。老師與學生多說幾句話，他會因為得到重視而有了自信心及向上動力。

「同理心」(Empathy)是指「換位思考」、「投入」或「共情」，有同理心的老師能看出學生的挫敗，不說：「這麼簡單也不會？」不以自己上過補習班、雙語學校及出國交換或留學經驗，來衡量學生的優劣。

培養同理心並不容易，如果老師本身的資質、成長環境良好，教育資源如書籍、旅遊、才藝課程很豐富，就不易體會學生家庭環境不好、父母學歷不高、單親或隔代教養甚至家暴的境遇？老師的同理心有兩種層次：

1. 初層次同理心(Primary empathy)：設身處地了解學生的意願，清楚反映學生說話之內容，能表達對學生情緒狀態的理解。

2. 高層次同理心(Advanced empathy)：協助學生探究自己未覺察或未表明的意義，亦即「言外之意」。以及在明顯的訊息下，還藏有哪些「未表達的訊息」？

行為偏差和心理疾患的學生更需要「高層次同理心」，老師協助其探究**沒有覺察到的情緒，幫學生找到內在真正的需求**。基本技巧包括：

1. 專注與傾聽：將注意力投入對方身上，使身心緊繃的學生感覺安全、尊重及接納。藉由學生的口語及非口語表達，觀察其背後真正的想法及情緒感受。適度的眼神接觸、點頭、放鬆的身體姿態、配合學生的語法風格等，都可拉近師生的心理距離。

2.重述：將學生表達的重點做摘要，而非只是「鸚鵡式的重複」。拉近老師對學生的理解差距，澄清及導正學生之想法。儘量保持中立開放的態度，試著從學生的角度思考。

3.開放式問句：多問「什麼、怎麼」，少問「為什麼」。多問學生的想法、感覺、舉例，鼓勵「多面向」描述。避免一次問好幾個題目，或打斷學生的思考與表達。

4.情感反映：協助學生對自身情緒的理解與接納，但師生關係尚未建立足夠信任之前，應避免情感反映，以免學生感到威脅與不安。

5.有效的訊息傳遞：想提供建議或訊息，或學生希望你提供時，要分批逐次，不要一次給太多或全部，才能緩和學生的情緒感受，提升其專注力。態度親和、內容具體，並鼓勵學生發問。

6.贊同與肯定：多正向鼓勵，回饋要明確具體。相信學生有自我教育的動機，能看到學生微小但重要的努力與進步。

《如何訂做一個好老師》一書的作者肯．貝恩 (Ken Bain) 認為（傅士哲譯，2005: 132），卓越的教師總是：

> 希望學生想想做為一個人的意義何在，幫助他們學習展現同情的能力。

老師若要教導學生接納及包容弱勢者、對需要幫助的人伸出援手，自己即須以身作則，先與弱勢者和諧相處，才能引發學生對弱勢者的同理心，願意與弱勢者一起奮鬥。

老師的溝通，非表演而是對話

肯．貝恩認為，老師的溝通不是「個人表演」，而是「師生對話」。老師努力與學生互動，儘可能拉住每個學生加入對話，並鼓勵同學之間彼此交流（傅士哲譯，2005: 168）。

肯．貝恩多年來研究「傑出教師」發現（傅士哲譯，2005: 55）：

他們都避免採用外在誘因，盡心撫育內在動力。

好老師儘可能讓學生主導自我的教育，展現強烈的興趣。老師對於學生的作業，要強調可以改善的空間，捨棄在班上區分優劣族群的作法。

傑出教師能建立自然、真誠的師生關係，對學生不要求太多或措詞嚴苛，尤其在公開場合。能儘快認識學生、多呼喚學生的名字，製造師生互動的機會，如：課後討論、校外教學、體驗或實習活動、LINE等社群平台，多方提供為學生解惑的時機。

教師要注重說話藝術，馥茗恩師說（賈馥茗，2007: 126）：

教師能把握說話的藝術，使學生耳濡目染，涵融成胸中的平和之氣，則在出辭吐氣時，便不致出現暴戾的氣勢。

馥茗恩師非常注重師生情感，強調多給予學生關愛的眼神而非嫌惡的白眼。要多與學生交談、為他解惑，讓他知道老師對他的關心。

馥茗恩師認為我國傳統已建立了教師的固定形象，即「夫子相」，端莊、簡樸、言詞誠懇。但有新增的項目，她說（賈馥茗，2007: 222）：聲音悅耳是目前增加的⋯教師的職業要求之一，就是要有悅耳的聲音，講述時按照教材內容，聲調有輕重緩急之分，且有抑揚頓挫的變化。

馥茗恩師提醒，若教師習慣於提高聲調上課，可能使學生的聽覺逐漸遲鈍。

總括來說，老師與學生說話，有下列基本技巧與準則：

1. 望著學生的眼睛

與人談話時若閃避對方的視線，會顯得「緊張」、「沒自信」、「心不在焉」、「沒興趣」、「心虛」、「忽視」，使人不免揣測你的想法。與學生談話時，要溫和地望著他的眼睛，若贊同他的想法，可以眼神給予讚揚。

2. 將話題帶到學生身上

老師或許有些事情值得分享，但還是要考慮學生是否感興趣。就像數學老師在講台上興奮地說數學有多迷人，有些學生可能永遠無法領會。若無法確認學生是否對話題感興趣，或者經驗值是否足夠，可以在說完後問他「那你呢？」將話題轉到學生身上。

3. 避免以教師為中心

以自我為中心的情況，就像不斷地「否定他人」，只有自己的想法最高明。老師不可總是忽略學生的存在與付出，只覺得自己最重要。這種高壓主觀的溝通，會令學生說謊及反感。

4. 鼓勵學生適當表達自己的情緒

能覺察自己的情緒狀態並適當表達，是身心健康的條件。所以老師要鼓勵學生多觀察自己的身心狀態，並練習著陳述出來。

5. 漸漸增多的「自我坦露」

老師可適時與學生分享個人的生活，讓學生覺得親切，增加相同的背景或經驗，使學生自然地信任老師。同時也激勵學生自我坦露，與老師分享他的生活及內心世界。

面對「學不會」、「行為不好」學生的說話技巧

為了教學效果及導正偏差行為，老師要給學生壓力嗎？力道該如何拿捏？處理學生問題時，在表層或深層、治標或治本？如何除惡務盡，以免「野火燒不盡，春風吹又生」？要教導「學不會」、「行為不好」的學生，過程通常漫長、辛苦，要多多自我激勵、增加同理心，否則不易堅持到底。

「青出於藍而勝於藍」，要讓學生積極起來，不能只靠老師一己之力。「下君盡己之能、中君盡人之力、上君盡人之智。」（《韓非子．八經》）要設法激發學生的潛能，使學生自願努力，拉高對自我的標準，這才是真正高明的老師。

馥茗恩師告訴我：「如果你把一個原來考三十分的學生，教到他能考四十分、五十分以至於六十分，這才是你的成績。」對程度中下的學生要更有耐心，馥茗恩師說：

以較樂觀的觀點而言，一個班級中有三分之一的學生是令人滿意

的，三分之一中等，最差的大約五分之一。中下程度的孩子最需要老師，能把這類學生教得有進步，才是好老師。

有些學生的抽象智力尚未發展出來，就需要老師不厭其煩、有耐心的跟他說清楚訣竅所在。

教師要「接納」學生的能力、身心發展、家庭狀況等有個別差異，要「以柔克剛」，但不是軟弱或沒原則，而是運用「巧勁」和「韌性」。《道德經》說：「天下莫柔弱於水，而攻堅強者莫之能勝，以其無以易之。」水看來柔弱，卻可穿透堅硬的岩石。

老師希望學生達到期望的行為和學業目標時，可說：「我相信你可以做到。」並同時給他「分階目標」及「良性競賽」，學生做到一小部分就立即讚美。即使學生對讚美感到意外，也比批評來得好。

有些老師只表達對學生的信任，卻不給予較小目標或個別指導。當學生做不到時就說：「你真令我感到失望。」這種「全有」、「全無」的溝通方式，說好聽是希望學生「自動自發」，結果卻反使學生「自暴自棄」，是所謂「不教而殺謂之虐」。

更糟糕的是「冷漠」、不給予任何期望或期望，和指示相互矛盾。一面說相信他，一面又嘲諷他的能力。學生達成目標時又遭老師懷疑，這會使學生更加挫敗。

行為偏差、能力低落的學生，最需要老師的看重（賈馥茗，2007: 114）：

> 這兩類學生有一個共同的需要，需要老師溫馨的同情與了解，用關心表示對他們的重視。他們才肯「自尊自重」，才肯「努力向上」，不致因「自卑」而「自甘墮落」。

教師不免有私心或成見好惡，希望遇到「好教的」學生，馥茗恩師說（賈馥茗，2007: 268）：

> 當老師的容易犯一個錯誤，要學生都聽我的，要做到我所期望的。

認為學生就應該聽話、用功、成績好，這才表示我教得好，其實這是老師的私心。

面對一個班級，老師最容易感受到的是「學得快而好」的學生，難免會有「分別心」。其實，學得慢而不夠好的，正是自己英雄用武的目標，正是自己發揮教育力量的對象。多用些心力在他們身上，雖然很難把他們教得和聰明的一樣好，因天生的智愚有別，但是可以教他們願意努力、求進步。

老師要注意程度較差的孩子，一有好表現就立即鼓勵他。對學習較慢、成績較差者，給他一些不擾亂秩序、可做的事。老師要做魔術家，有許多戲法可變。**如何教不同程度的孩子，尤其是中下程度的學生，就靠老師的戲法，「運用之妙，存乎一心」。**

老師的功力不是表現在人人都得一百分，而是理解學生的程度或需求，給予應有的力道。師資培訓要加強對「學習困難」學生的認識及教導這類學生的技巧，以免他們被放棄或放逐。

學生「學不會」該怎麼鼓勵？我的爸爸常對我說：「難是因為不會，會了就不難。」當我學不會，爸爸帶我去請教老師時，他說：「老師您聽過『愚公移山』的故事嗎？只要您今天教一點、明天教一點，我的女兒總有一天能學會。」馥茗恩師也常說：「學生只是『還不會』，不是永遠不會。」

以學生的行為偏差來說，勸人要得當，譬如這個人太倔強，不可以用話來勸，不但白勸，也成了廢話，這叫做「失言」。如果這個人性情溫順，你卻錯過勸人的機會，這叫做「失人」。

老師的同理心表現在「看重學生」，即使學生放棄，老師也不放棄，一直努力到最後一刻。老師要客觀冷靜，不動氣、不著急也不灰心，表現在外是「舉重若輕」，其實是內力深厚，也包括自我療傷。

我曾擔任大學的學生輔導中心主任，多年前曾被一個學生提告，到士林地院、板橋地院、博愛路高等法院等出庭應訊。幸好我的一位律師朋友扭轉了我的心境，才讓我不致心灰意冷，能繼續堅守教育崗位。好友逢律師開示我：「被告不一定是壞人，被告過的人生才是彩色的。」他要我收到傳票時別緊張，冷靜準備出庭資料，在法庭上實事求是的應答，「最後一定無罪的」，他說，結果真是如此。

其實，不少老師曾遭學生及家長誤解、謾罵、控訴，此時要冷靜、樂觀以對。待事件落幕後，還能繼續與大部分學生「甜蜜蜜」、「我一見你就笑」。

第二篇

教學「解套」

四兩撥千金的「巧勁」

企業界感覺現代大學畢業生似有「學用落差」的問題，名校的畢業文憑也遭到質疑，難道是學校教育漏掉什麼應教而未教的「懸缺課程」？例如：職場倫理、計畫與執行力、抗壓、領導與溝通、負責、社會責任、情緒管理、時間管理等。老師的教學方式是否要跟著調整？讓學生能兼顧理論與實際，而不是只求表面的學期成績。

民國一一〇年十一月報載，台北醫學大學、台灣大學疑似發生期中考學生集體作弊事件，台北市立大學也有學生自拍「邊考試邊吃泡麵、同學偷用手機搜尋資料」等畫面。有大學教授表示，作弊增多是因為學校懲罰辦法放寬，原本作弊記大過，如今只記小過。

學生為何作弊？是想要更高的「帳面分數」嗎？「考不好被責怪」是台灣學生的成長經驗，「無論如何一定要讓成績變高」，成了根深蒂固的觀念。

不僅是作弊，面對「學生問題」時，老師要先尋找可能的「原因」，先解決周邊小問題，再進入核心大問題，不論問題大小都要個別擊破。對問題要放大檢視，看出潛藏的病根。即使狀況很糟也要有條有理、從容不迫的處理，以最小的壓力獲致最大的成效。不為小事抓狂，能夠「大事化小，小事化無」。

解決學生的行為或個別問題後，才可真正順利地教與學。但要先設想處理的原則及順序，例如：學生上課遲到或違規，可否不讓他進教室或趕離教學現場？可以罰站嗎？站多久？一次處理一個人還是一群人？學生的問題不同，所需時間也不一樣，老師要怎樣安排時間？

想「戳破」學生的藉口或傷口，也要注意態度與措詞，不能造成傷害，以免學生及家長反擊。不要與學生「硬碰硬」，以免變成「對立的危險關係」。**萬一學生態度強硬甚至公然反抗，老師務必管控自己的情緒及言語，以免兩敗俱傷。**先讓學生宣洩或聽其抱怨，「同理」他的狀態及需求。事緩則圓，等想清楚或請教別人之後，再進行後續行動。

因應現代社會民主與多元特性，對學生不宜高壓、權威、羞辱，也不應姑息、遷就、討好。要以「教育智慧」化險為夷，讓學生心甘情願、欣然接受。

如何增長「教育智慧」？除了自身「修煉」，也需教育主政當局的關注，協助老師加強「情緒管理」與「溝通技巧」，列為師資培育及在職進修的重點。已有師生衝突的老師應避免惡化，師生關係良好的老師則可「精益求精」。

在教育制度面要加強教學團隊的專業能量，例如台北市「教學輔導教師制度」，協助國小至高中的初任、新進及教學困難老師有效適應教學現場、排除教學障礙，值得其他縣市及大學階段仿效。

為什麼我班上會有學生想要自殺？我犯了什麼錯嗎？
有煩惱老師可以聽你說！我們一起想辦法！

1 教師「不惑、不憂、不懼」 感性、理性、知性的交融

柏拉圖著《理想國》一書，表彰四項基本品德——智慧、勇敢、節制、正義。孔子提出「三達德」——智、仁、勇（《禮記．中庸》），具體展現「智者不惑，仁者不憂，勇者不懼。」（《論語．子罕第九》）

老師如何做到「不惑、不憂、不懼」？有時教學理想或熱情過高，反而容易「一朝被蛇咬，十年怕草繩」，與學生、家長一旦發生衝突或不愉快，就產生「創傷症候群」，成為抹不去的陰影，教學心態轉為「多做多錯、少做少錯、不做不錯」。

✦ 切開表面的瘤，才知道裡面是什麼

實境節目《戰痘醫師》裡，李醫師常說：

沒把皮膚表面的瘤切開，永遠不知道裡面到底是什麼。即使只是一個良性脂肪瘤，也一定要清除乾淨、以免復發。

學生出問題或犯錯，就類似皮膚表面長了一顆瘤，這是學生一個人的責任嗎？也許是家族遺傳或其他疾病所致，痛苦由他一人承擔公平嗎？學生一定希望得到老師的「同理」，協助其排除明顯、難看但不一定有毒的瘤。

學生問題不僅課業，還有品行、人際衝突與心理疾病等。深層常比表面的問題更大，所以要挖掘得深一些。問題一發現就要處理，以免累積、坐大。一個問題出現，必有類似問題的潛藏，需要同時根除。

學生問題具有個別性，要以適合個別差異的方式來解決。有些學生似乎處處是問題，更需要耐心「地毯式清除」。不要指責學生，以免加重其憤怒、委屈、逃避及無奈等心理，因為問題根源可能來自家庭、體質、人格發展、身心狀態。

有些學生在開朗的笑容下，可能隱藏很多「痛苦的秘密」，部分可以靠自己克服，但有些則沒有辦法獨力應付。像《戰痘醫師》節目裡的患者，因為害怕就醫等因素而「有意忽視」，致使患部化膿、潰爛到非常嚴重的地步，如學生在期末時告訴我的嚴重問題：

老師給予我許多人生的解答，我談到關於高中同學自殺的事，老師用專業的角度為我解開心鎖，帶給我不同的看法，讓我知道如何救贖自己。

與老師談到家暴事件，獲得老師很多鼓勵。聽到老師說我的選擇是正確的，眼淚不禁流了下來。從沒有人肯定過我，老師卻相信我，這對我很重要，是我能勇敢面對問題的原因。

我不敢讓別人知道自己被家暴，畢竟這是一個隱晦的問題。我希望有好的結果，期盼家人能去看心理醫生，不要真的發生悲劇。

大一時，我曾想去學校輔導室求助，但我沒有。曾看過身心科醫師的同學建議我去醫院，我也沒有。最後我會求助，就是因為這次的家暴事件，醫生說我是「急性壓力症」。

事件發生後一個月，我把自己關在房裡，每天等人送飯，晚上睡覺總害怕「他」來殺我。因為家暴事件，我開始跟醫生談自己難受的心情。我希望自己愈來愈好，讓人生變成一個美好的故事。

幫助學生解決問題，對於老師是挑戰，也是自我成長。處理的經驗愈豐富，即使是失敗的經驗也能事半功倍。幫助學生要付出代價，所以老師要「量力而為」，非能力所及就儘快「轉介」給專輔老師、心理師或身心科醫師，與教學及行政團隊共同合作。

扭轉「成績代表一切」的菁英思維——國內外案件

即使是頂尖大學的學生，在自信、無畏的外表下，仍有嚴重的問題需要幫忙。某天下課時一位學生表示有困惑，希望我給予建議。她覺得自己不適合目前所讀的熱門科系，大四了還是讀得很吃力。

我與她一起探索及分析其他生涯選項，她似乎恢復了些動力。但隨後幾次課後談話，我發現她的問題並不單純，她說自己快撐不住了，期中考成了壓垮駱駝的最後一根稻草。她難過的說：「為什麼我那麼努力了，還是考不好？」她嚴重失眠、吃不下，大二時就曾被身心科診斷為憂鬱症，我叮嚀她當天就回診。

接著她開始缺席，理由是摔傷。我請同學就近關心，也打過幾次電話找她。幾週後她回來上課，苦笑說仍然決定休學，說完似乎鬆了一大口氣，大二時也曾休學過一次。

她的憂鬱症治療效果不佳，自殺意念愈來愈強，一度有生命危險。後來她換了醫師、藥物漸起作用，加上男友的支持，但仍想休學，覺得系上不會再「通融」了。我以堅定的口吻告訴她：「即使生病，一樣有受教權，而非停止學習，除非是醫師的建議。」

令人欣喜的是，該校的心理諮商中心非常積極，當我向學校「自殺危機通報」，個案管理師立即與該生連繫也回報給我，並開始定期約談，至少也有電話諮商。

該生的系主任、系秘書與班導師也十分熱忱，除了立刻與學生面談、了解學生的需求，也請其他任課老師配合該生狀況，重新安排適合她的教學評量方式，老師們都願意為她「量身打造」，所以她不必休學了。

這樣的結果出乎該生的預料，她非常感動，決定振作起來準備期末考。後來有些科目考得不錯，老師還說：「不需要特別的評量，她也能得到高分」，這份肯定讓她更有動力。最終在系上教學團隊的幫助下，即使學期當中她曾請假住院治療，仍順利地從大學畢業。

不是每個學生都能被「接住」，為什麼？麥蒂森．霍蘭（Madison Holleran）就沒有度過難關。她是美國傑出的高中運動員，進入美國私立常春藤盟校全國排名第六、商學院排名全美第一的賓州大學就讀，但因適應不良而極度不快樂。原先想轉學並退出田徑隊，最後麥蒂「選擇」跳樓身亡。她的死揭露出優秀開朗的年輕人，深受精神疾病之苦卻不為人知的掙扎與折磨。麥蒂的真實感受是：

為了不讓別人擔心，假裝自己過得很好。

雖然已經九十分，但希望自己可以有九十五分、九十八分甚至一百分以達完美。

害怕在意的人對她感到失望，即使皺一個眉頭，心中也會有巨大的罪惡感。

臉書和IG上的照片，是想要成為或是想要讓別人以為的自己。

曾很努力的想「為自己而活」，但怕讓別人失望，所以又退縮回去。

麥蒂在大一時自殺身亡，震驚了美國常春藤名校及運動圈。ESPN體育台知名記者凱特·費根(Kate Fegan)獲得麥蒂家人同意，回顧麥蒂在IG上的照片，幾乎每張都笑得開懷，家人、朋友、教練都對麥蒂之死困惑不已。

自殺的人真的是抗壓性太低嗎？這似與麥蒂並不相符，她從小就很自我要求，每天上學都比前一天更快抵達學校。一天有五小時的足球練習，生活規律，課業和體育成績都很好。人際關係沒有問題，與家人之間也很親近。

但是當憂鬱症來襲時，根本無力反擊。憂鬱症和自殺很少是單一原因所造成，凱特·費根說自己撰寫的不只是一本關於憂鬱症患者自殺的書籍，也想反映青少年和網路時代的一個重大議題：

被迫呈現出正面積極陽光歡樂的一面，讓壓抑的黑暗潛藏在心裡。

書中，執業超過二十年的諮商師麗莎，對二〇一五年全國公共廣播電台《大學面臨心理健康的高度需求》主題的回應是（何佳芬譯，2018: 97–98）：

正見證一場「無謂競爭」的結果，我們的孩子成長在一個完全以成就和地位為導向的文化裡，我的病人們從孩童時代開始就被憂心和焦慮孩子無法成功的父母控管。

諮商師麗莎擔心，由於一味追求完美而忽略了一般生活技能的學習，例如學會時間管理、維持健康的睡眠習慣。濫用藥物及其他方式麻醉自我的情況，非常嚴重。

賓州大學從二〇一三年至二〇一四年，竟有六位學生自殺，包含麥蒂。這些悲劇促使學校想要改善諮商輔導制度、聘用更多諮商輔導師，但自殺事件依然持續，二〇一四年後又有六起，為全國平均數的兩倍。（何佳芬譯，2018: 102–103）

於是賓州大學在二〇一四年委託一個小組來評估校園氛圍，評估報告中出現「毀滅性完美主義」一詞。小組觀察到賓州大學的學生承受龐大的壓力與痛苦，是因為「追求學業卓越的慾望，加上誤以為必須成為每個領域上的佼佼者，才能功成名就。」（何佳芬譯，2018: 99）

學生心理崩潰的問題非賓州大學所獨有，美國各大學的心理輔導機構都面臨工作量不堪負荷的困境。（何佳芬譯，2018: 103）菁英的壓力問題在我國很常見，也都在追求卓越、第一與完美當中掙扎，而我國的菁英範圍更狹隘到僅是大考（學測）狀元。

澄清自殺的迷思

這幾年國內心理疾病與自殺、自殘學生頗多，有位學生告訴我：

很多人覺得美麗的女孩應該開朗，我卻呈現相反的心境。我是個悲傷、黑暗的女生，天天想著自殘，說出很多可怕的話。內心沒有粉紅色泡泡，而是槁木死灰。

很多青少年陷入憂鬱或焦慮漩渦，必須用他們的性命來賠償這個可怕的社會，願意理解的人少之又少，大家都先考慮自己，沒人願意多付出，其實一個擁抱、一句好話就足以改變或拯救一個人。

青少年輕生的原因並不單一，包括課業壓力、情感、家庭、心理疾病、被霸凌等。老師應多注意缺席、失聯或以負面情緒及文字表述的學生，及時「通報」主管、學校諮商單位、二十四小時校安系統，積極鼓勵學生向學校心理諮商單位求助或到身心科就醫，以免因疏忽、拖延而致惡化，發生自殺或隨機殺人的憾事。

心理疾病治療之路漫長，不必「急於」康復，那只是「假相」。老師與學生「個談」是個重要的起步，可以讓學生感受到關心，有機會說出心事與困難，抒發緊繃情緒，改變想法與行動。

老師覺得力有未逮，就要儘快「轉介」，即使校內心理輔導或特教師資不足，也不要陷入是否轉介的困擾。**轉介給「二級預防」或「三級預防」的團隊接手，是很好的處置。**

老師對學生的問題不能「不管」，對於自殺的危險群更要「危機通報」。了解自殺，可參考下列「自殺的迷思與事實」。

迷思1：與人談論自殺是不好的，可能會被解讀為鼓勵自殺。

事實：公開談論自殺並不代表鼓勵自殺，反而是給他／她一個機會考慮，進而達到自殺防治的效果。有鑑於自殺的「汙名化」，使有自殺意念的人常不知向誰傾吐心事。或一般人聽到這種話題就迴避，反使他們錯失「獲救」的黃金時間。

迷思2：自殺是一種遺傳行為。

事實：自殺的因素複雜，並不是每件自殺都與遺傳有關。然而家族中曾有人自殺，的確是自殺行為的重要風險因素，特別是家裡有多人罹患憂鬱症。

迷思3：當個案出現改善跡象或自殺生還，就脫離危險了。

事實：其實最危險的時刻之一就是危機之後，或個案因自殺企圖而住院治療出院後的一週，此時個案特別脆弱，並有自我傷害的危險。所以，自殺者生還時通常仍處於危險之中。

迷思4：談論自殺的人不會傷害自己，他們只是想引人注意。

事實：聽到有人談論自殺意念、意圖或計畫，必須採取一切預防的措施，認真看待所有可能自我傷害的威脅，不要以為只是說說而已。

迷思5：提到自殺的人，不會真的去自殺。

事實：提及自殺的想法可能是一種求救行為，許多有自殺意念的人正經歷焦慮、憂鬱與絕望等情境，並認為自己沒有其他選擇。

迷思6：自殺者都是真的想結束生命。

事實：相反地，自殺者對選擇「活下去」或「結束生命」感到矛盾。於是可能因一時衝動就服藥自殺，儘管本來希望活下去。適當的時機給予情緒支持，就能及時防範自殺的發生。

迷思7：大多數的自殺事件，都沒有預警。

事實：其實大多數自殺者都有口語或行為的前兆，了解且留意自殺警訊相當重要。自殺風險遽增通常是短暫現象，與當時周遭的環境有關。雖然自殺想法不斷來回，但並非永久存在，有自殺企圖的人，還是可以存活許久。

迷思8：只有精神疾病患者，才有自殺傾向。

事實：自殺行為代表個體極度不快樂，但不能與精神疾患劃上等號。許多精神疾病患者不受自殺行為的影響，並非所有自殺者都有精神疾患。

迷思9：解釋自殺的原因是容易的。

事實：自殺原因多元，並非單一因素或事件所能解釋，不應過度簡化。

嘗試了解自殺行為需考慮身心健康、重大壓力事件、社會與文化因素，有時個體的衝動性也扮演重要角色。精神疾患有時會影響個人因應壓力與面對人際衝突的能力，會有更高的自殺風險。

迷思10：自殺是解決問題的方法之一。

事實：自殺不是建設性的問題解決方法，也不是處理壓力或困難的可行方式。自殺對親友甚至整個社區都會產生毀滅性的影響，周圍的人會不斷思索自己是否錯過了哪些訊息，並產生內疚、憤怒、羞恥與被遺棄的情緒。

以我國來說，大學新生實施心理測驗可以測出學生的高憂鬱或高焦慮，然後交由導師先進行「初級預防」工作。導師需有基礎輔導技巧，讓學生覺得「溫柔」與「溫暖」。老師的輔導能力若能加強，可有效分擔輔導網絡的二級與三級預防。

學生需要心理輔導，但現行學校諮商專業人力非常吃緊。依《學生輔導法》（民國一〇三年公布）第十一條規定，高級中等以下學校專任輔導教師員額編制：

一、國民小學二十四班以下者置一人，二十五班以上者每二十四班增置一人。

二、國民中學十五班以下者置一人，十六班以上者每十五班增置一人。

三、高級中等學校十二班以下者置一人，十三班以上者每十二班增置一人。

專科以上學校的編制，如第十條：

學生一千二百人以下者，應置專業輔導人員至少一人；超過一千二百人者，以每滿一千二百人置專業輔導人員一人為原則，未滿一千二百人而餘數達六百人以上者，得視業務需求增置一人。

目前專科以上的輔導人力分配已改善為一位心理師負責一千位學生，但學生預約會談平均仍要三週到一個月才能見到心理師。期中考、期末考是高峰期，各大學都覺得心理師的配置比嚴重不足。

新聞事件

二〇二一年十二月六日，台北藝術大學在一天之內傳出兩起學生疑似輕生的事件，一死一搶救。

一名男大生於中午被室友發現在寢室燒炭輕生，警方於房內尋獲遺書，並研判男大生已過世多時。

下午則有另一名男大生於IG留下情緒低落的字句後，從校內系館四樓墜下，被送往馬偕醫院搶救，生命跡象微弱。

台北藝術大學於官網發布聲明，表示針對學生的意外事件，校方獲悉後立即通報教育部、檢警，以及成立事件處理小組，同時啟動校園輔導關懷機制，針對宿舍學生、學院和系上同學做基本心理諮商。

隔日早上召開全校開緊急會議，希望避免類似事件再度發生。校長稱校內本有關懷機制，遺憾的是，這兩名輕生的學生皆不是關懷個案。

一所大學在一天之內兩起學生自殺事件，的確不尋常。為何沒有線索足以預防？包括：新生心理測驗、導師談話、教師通報、同學反應、當事人向老師或心輔單位求助等。當中一位男大生於IG留下情緒低落的字句時，有沒有人看到而立即通報學校或警方？事件發生後補救來得及嗎？如何真正有效預防學生自殺？

二〇一九年，某知名國立大學發生學生「相約自殺」事件。幾個學生透過LINE成立群組，約好時間、地點一起結束生命。後來有人打退堂鼓，鼓起勇氣向系上老師和教官通報才避免了悲劇，但其中一位學生仍不放棄輕生念頭，學校阻止數次，仍未能挽回他的性命。

值得關注的是，這些學生走上絕路之前，有沒有向親友、系上教師或校內心輔資源尋求協助？教育部曾分析二〇一八年到二〇一九年自殺身亡的學生個案，**其中僅33.5%曾接觸校內輔導資源，接觸校外機構資源的比率更僅有6%**。

推廣和建置可用資源，有賴政府投入心力，但台灣目前投入心理健康促進的預算相當少。衛福部二〇二一年預算案，整年度為二千億經費，與民眾心理健康相關的「國民心理健康第二期計畫」為6.38億，平均國民每人僅27.22元，還不全用於心理健康促進，另包含藥酒癮防治、網癮防治、公務人員國際考察等。

教育部每年編列1.6億至1.7億預算推動校園輔導工作，但主要用於建置輔導人力，且涵蓋小學、國中、高中職、大學。用於治療精神疾病，已是自殺預防的最末端。

永遠相信教育愛，除了「悲」，還是會有「喜」

在師生關係不太密切的資訊時代，老師如何激勵自己多關懷學生？二〇二一年的教師節，台大教授張俊哲以個人十八年的任教經驗感慨的說，教學的真實情境是「Struggling（掙扎中）」，因為(2021b)：

> 目前我還沒找到化解工作壓力的「特效藥」，或一勞永逸的「疫苗」。

張俊哲認為，教學壓力不僅來自辛苦的備課，還包括學生無情的批評，使老師對於師生關係感到困惑。即使老師想要成長、脫困，也不確定是否值得。加上學生的問題太多，教師不可能「無所不知」，除了掙扎還能做什麼？

初任或新進教師因不熟悉學校生態、不清楚學生特質，往往要花更多時間調適，卻仍「事倍功半」，因抓不到方向而經常犯錯。即使任教已久的資深老師，若不能求新求變、跟上時代趨勢，還是會遭遇重大的教學危機，例如：學生的不信任及反彈。

教學工作不純粹是「教」，同時還要「學」。教師要不斷進修，較快速的法寶是向專家、前輩、知己好友甚至是學生多請教及多聆聽。一九九八年的美國「全國年度教師」菲力浦．比格勒（李茂編譯，2008: 90）建議：「所有年輕教師都要尋找一個有豐富經驗的教師，向他請教。」熬過或吃過苦的老師要伸出援手，將自己所知的學校生態、學生特質，毫不保留地儘快傳遞給初任或新進教師。

國內張德銳教授多年提倡「教學輔導教師」制度，可協助初任、新進或面臨教學困境的教師，進行教學觀察與示範，使其更快融入學校文化，調整好自己的狀態以發揮教學效能。

老師不要太有把握或不願承認問題，一味拒絕別人的幫助。甚至自認學歷及教學能力足夠，不會遭遇問題或不相信有自己無法解決的問題。

真心建議初任或新進教師儘早找到教學教練或輔導教師，多準備、多演練。**一旦發生較大的教學或師生溝通困境時，應向系主任或有經驗的老**

師求助，尋找學校可用的資源。避免與學生嚴重衝突，或多繞圈子、走冤枉路。

現代教育的自由度提高，加上資訊取得方便，老師的權威感因而降低。但學生接收過多訊息卻不見得能夠判斷真假損益，仍需老師指導。現代學生的自我意識強，渴望被讚美、表揚或得到地位，喜歡一直問「我是不是很棒」，若得到讚美太少就會非常失落。對於自己的問題容易選擇逃避、翹課或休學，甚至消失或失聯，這些都需要老師幫忙「調整」。

此外，學生還有不少狀況讓人「不知所措」，但老師不能蒙蔽教育良心而「置之不理」，如：

1. 需要被輔導，不只是心理輔導，但又不接受老師的意見，只埋頭做自己。
2. 愛抱怨，總覺得問題都是別人造成，或是別人應該改變。
3. 拖延，總把事情想得太難，或因擔心太多而躊躇不前。
4. 目標不明確，努力動機不強。時間被太多事情分散，成果難以累積。

5. 想要的很多，卻不易好好做完一件事，很難做到「先求有，再求好」。

6. 覺得知道、做過就算「已經會了」，追求新鮮感卻不能把事情做完、做好。

7. 較少有自己的思考與主見，習慣等別人給答案

8. 負面情緒很難排解，遇到問題容易逃避或變得焦慮。

9. 缺乏主動積極的態度，對未來的生涯發展感到迷茫。

老師想給學生建議時，很難拿捏「該直接給或耐心地慢慢引導？」過於主導，容易代替學生做決定。未讓學生負起責任，學生的問題反變成老師的問題。學生看似知道自己的錯誤，希望你原諒、寬容他，但下次又會再犯。

現代學生不喜歡被管束及要求，老師要改變自己的觀念、調適兩代的差異，找到師生合作的方式。有些老師年輕時滿懷雄心壯志，覺得可以改

變或影響學生，時間久了逐漸失去信心及自我懷疑，因為投入大量時間後，發現真正改變的學生很少，心裡不免失落及失去動力。

但教學不只是知識跟技能的傳授，還有「情意目標」（Affective objective），這是指（林永豐，2012年10月，教育大辭書）：

強調個人對於人事物的感覺、情緒、態度、興趣、鑑賞等方面的學習。……個人價值觀及品格的形成，是一個逐漸內化的過程。

我國教育的弊端是太強調成功，老師要承認自己也會失敗，以自身克服挫折的案例教導學生從失敗中站起，這是非常重要的情意目標。

分享教學經驗時，各校習慣邀請傑出、優良或Super教師提出教學創舉或突破之道。能否找些「敗部復活」的重生老師，分享教學失敗的經驗？例如發生過師生衝突或親師衝突、曾被評定為教學不力、曾想放棄教職生涯的老師，藉此提醒其他老師不要走重複、錯誤的道路。如果有這樣的機會，我第一個報名，因為我有豐富的「教學慘敗史」！

我看到一些同學忙著傳訊息，有些還在睡覺。
下午第一節課很容易沒精神，我們來改變上課方式吧！
快醒醒！上課囉！
全班都這樣，老師竟然還是沒有放棄……

2 擁有梅克爾一樣的「治理」能力 帶班尺度與師生界限

對老師而言，你的班級就是你的國度。不僅是班級導師，即使一週只上一次課程的科任老師，也須「獨立」掌握班級運作，承擔教學責任。所以老師要有如政治領袖的治理能力，然而「領袖非天生」，需經過各種磨練而「鑄成」。

以德國前總理安格拉．多羅提亞．梅克爾為例，她出生於一九五四年，三十五歲進入政界，擔任多個內閣部會首長，如聯邦家庭事務、老年、婦女及青年部、環境、自然保育及核能安全部等，二〇〇〇年當選德國基督教民主聯盟黨首。五十一歲出任德國總理，是德國首位女性總理，至二〇二一年十二月卸任為止，在位十六年，施政滿意度一直保持在60–80%，被視為歐洲聯盟的實際領導人。

梅克爾的從政之路絕非一帆風順，她努力承擔壓力與責任、化危機為轉機，不僅是政界領袖想師法，老師在經營班級、教學自信、贏得學生及家長信任等方面，也可向梅克爾學習。從生澀到成熟，惶恐到篤定，自我懷疑到堅守原則。

現代醫學注重「醫病關係」，醫師要與病患及家屬親切地打招呼，要以同理心關懷病患。師生之間呢？如果想嚴格要求又能讓學生口服心服，需要怎樣的功力？如何恩威並濟？師生之間若「第一印象」不好，有否機會「逆轉」？

人們初次見面總會呈現最好的一面，以贏得對方好感，老師要如何建立第一印象讓學生「安心」？約會可以挑喜歡的人且可隨時終止交往，老師卻須「有教無類」，不介意學生不成熟、冒犯、衝撞的表現。老師不能有個人的主觀好惡，甚至要把不喜歡的學生變成喜歡，再「進化」至沒有喜歡或不喜歡的分別，對每位學生「一視同仁」。這些教學難度，不亞於梅克爾的治理國家吧！

老師要讓學生感受其內涵與愛心，使教學如「倒吃甘蔗」、「愈陳愈香」、「教久見人心」。要達上述境界，得有何種功力？

努力不被學生激怒

因為加退選制度，大學開學的前三週有不少學生缺席。第一次上課前，我都會先給自己打預防針——料想一半的學生不會來，另一半則要給予「肯定」，不因缺席者多而「遷怒」出席者。

幸好實況不那麼悽慘，早上八點的課仍有三分之二出席，其他時段則約九成。只是大學課程尤其是通識課，在「加退選」結束前都未成定局。老師一方面要展現個人魅力讓學生「停下腳步」，但也不可放鬆及討好，以免學生忽略對老師及課程應有的尊重。

上課時我自知無法制止學生滑手機，只好不斷自我催眠：「我的吸引力超過手機」。近年在疫情及口罩限制下，我更努力展現真情的眼睛、熱情的態度、幽默感，以敬業、專業及親和力，抓住學生的注意力。

希望學生配合教學規則、達到理想學習境界，就得依靠老師的說服力及流暢的教學活動，不能冷場或浪費時間，這部分可觀摩購物專家或直播主怎麼做。老師需要充分備課及做好時間管理，包括：準時上下課、學習活動無縫接軌、適度讓自己及學生休息。尤其重要的是，要保持正向的態度與措詞，包括內在的自我對話。千萬不要對學生失望及洩氣，不小心表現在表情、動作、語音聲調及措辭上。

如果「某次」對「某班」或「某生」感到失望或生氣，該怎麼做？可以斥責學生嗎？有什麼後遺症？

有一次，我在一個採取討論式座位的大學班級上課，看到有些學生一直滑手機，有人埋頭做自己的事、睡覺等，使我感到無奈與孤單。其實這樣的狀況不是今天才有，我懷疑先前的「包容」錯了，變成姑息及軟弱。

我試著與台下學生互動，但沒人回應。於是我請一位趴在桌上休息的學生發言，他立即嗆聲：「不知道！」上課的氣氛驟然結凍。

我感到內在的怒火上升，加上自己沒睡飽而狀態不好，忽然我好像變成了國中老師，好想叫班長去學務處找主任來，或請這位態度不好的學生離開教室。這當然只是「幻想」，我必須有其他「正確的反應」。於是我「假裝沒事」，以平常的口吻再問下一位學生，結果仍是「不知道」。

好書推薦

陶德·威塔克及安妮特·布諾（Todd Whitaker, Annette Breaux）合著的《優秀老師這樣做：輕鬆應付課堂挑戰50招》一書，列出「教學關鍵」如下：

老師在課堂上所犯最大的錯誤，是讓學生激怒你。（林金源譯，2014: 90–91）。當學生出現不當行為，你得先按捺住脾氣，冷靜地和他說話，私下問他為什麼要這樣做，切勿顯露出你的挫折感。

如果他嘀咕著慣用的託辭：「我不知道。」那麼你就說：「好，那我們晚點再談這件事，也許你需要一些時間想清楚。」他們的不當行為不一定是對你感到不滿，往往是一種求救訊號（林金源譯，2014: 70–71）。

優秀的老師會刻意忽略學生為了引起老師注意而製造的聲響、無精打采的樣子。因為如果學生一出現不合作態度，老師就停止授課，那麼很可能永遠無法順利上課！（林金源譯，2014: 86–87）。

教書是一種人際互動的職業，如果學生認為你不在乎他們，就不會對你教的東西產生興趣。讓學生知道你在乎的最好方法，是和他們正面的眼神接觸。（林金源譯，2014: 159）。

看到學生不當的行為，能完全或真的不生氣嗎？當我無法強迫學生與我「眼神接觸」時，可以「假裝沒事」或「忽視」，把課教完就算了嗎？要「冷靜上課」，這改變不是一夜之間，我重複「犯錯」了許多次，才漸漸掌握「冷靜的妙用」。類似的「教學升級」還有：以前我「只看」、「偏要看」翹課學生的空椅子，除了生悶氣與內傷，也「遷怒」出席的同學，不小心罵到不該罵的人。現在則是「活在當下」，「重視」來上課的人，高高興興地與他們互動，不再「猜測」缺席者的動機，課後再想辦法去了解。

對上課態度不佳的同學亦然，從前我總不由自主地被「吸引」，「一直看著」那些睡覺、吃東西、滑手機、做其他事情的學生，愈看愈生氣。而今我按兵不動，不再輕率行動，以免錯怪或使自己「言語及情緒失控」，導致事後懊悔、覆水難收。「修煉」一段時間後，我甚至「看不見」那些負面的學習行為了。

學生缺席或上課嗆聲，可能是「需要幫助」。缺席者也許是生病了，包括心理疾病，或家裡出了狀況。在老師還不知道事實真相之前，不要輕易評論與行動。嗆聲的學生可能是心理受創，如：心情不好、重大挫敗、缺乏自信、所學非願、對老師不滿。先不要指責學生，並傳遞接納的態度，學生才會抬起頭來上課，並主動與老師說話。

當我不責備學生的表面行為後，他們反而願意告訴我缺席的真正原因，例如自己或家人重大疾病、車禍等。也會為自己上課睡覺的行為向我道歉，如回熬夜趕作業或吃感冒藥，我也回以肯定、諒解和關懷。

師生關係的「變遷」與「變通」

師生相遇是一個「善緣」，至少老師應「廣結善緣」。老師的陪伴、引導與激勵，能使學生快樂、深度與自動學習。當學生願意挑戰更艱難的任務，成就感與自信心提升之後，老師就能得到更多正向回饋，願意為學生多付出，教學形成「良性循環」。**某一天師生終將分離，但學生永遠心存感激**，如五月天所唱的《如果我們不曾相遇》（阿信作詞作曲）：

某一天、某一刻、某次呼吸，我們終將再分離。
而我的自傳裡曾經有你，沒有遺憾的詩句，詩句裡充滿感激。

資訊時代的老師，不再是知識權威，師生成為知識討論的夥伴。彼此因人生方向或政治觀、價值觀不同，難免有代溝，此時老師應予以「尊重」，不遷就也不批判學生。

老師可在「公開場合」如：教室內、教室走廊、教師研究室、教師休息室、校園開放空間、學校餐廳等多接近學生，多聆聽學生的想法。次數多了，學生自然會解除自我防衛，向你傾吐心聲。老師也能增加同理心，提供關鍵的幫助。

現代學生有更多成長困惑，但往往外表裝酷、不喜歡老師「倚老賣老」及「說教」。所以，老師可設計體驗課程、校外教學或實習機會，以自然的方式為學生解惑。有時「愛之深，責之切」，老師要留意自己的措詞，不要傷到學生的自尊。

萬一學生態度強硬甚至公然反抗，老師要冷靜，切記「謹言慎行」，而且其他學生也正等著「看好戲」，處置失當將喪失學生的敬意與信任。若一時不知道該怎麼做，可先暫緩與學生的對談，事後再想想如何化解。

與學生意見不合或學生誤解老師時，最好有公正第三人或第四人擔任見證、和事佬，例如學校主管或其他老師，學生也可邀請信任的老師陪同一起討論或澄清。避免師生之間因記憶與認知落差而起爭論，包含網路留言，這只會加大師生關係的裂痕。而且學生會覺得與老師的「權力不對等」，有被老師霸凌的感覺。

有學生告訴我，高中時全班同學與英文老師對立。因為學生說「上課聽不懂」，老師卻不理會。學生請班導師幫忙溝通也無效，最終演變成上課時全班趴著睡覺，老師也不教課，只叫學生自己讀。此衝突事件看來，學生的行為固然不當，老師的作法也傷了學生。

學生若不尊敬老師，甚至與老師正面衝突或背後抨擊，包括網路或匿名批評，**老師的情緒管控與溝通方式就非常重要，千萬不能「自動或快速反應」，在教室大罵或網路回嗆，結果通常很「危險」。**

師生之間如何更加親近？從前的老師會請學生到家裡談話及吃飯。我讀國中時，同學的家境大都不好，我們總找理由去老師家坐坐、吃零嘴。國一的導師就住在去學校的路上，而且開雜貨店。我們常「順便」坐下來與老師聊天，吃免費的零食。當時剛開始學英文音標，怎麼都學不會，導師還利用寒假幫我們補救教學。

國二的導師教數學，她知道我沒錢上補習班，就在課後免費教我，甚至週末也去老師家裡算數學，還附贈餐點呢！

國三的導師就住隔壁村，有一次我接到警察通知「爸爸出車禍」。趕去醫院前，我先去導師家，為的是得到老師的安慰與鼓舞。

讀台師大大學部到研究所，不少教授歡迎學生到家裡聚餐，我去過許多老師家吃飯，某些老師家還吃過好幾頓，馥茗恩師的「請吃飯」則是不計其數。

從前師生「亦師亦友」甚至像家人，而今似乎較不重視師生關係，因為有些學生在網路、教學評鑑甚至課堂上毫不容情地批評老師。在人際疏離、家庭功能較弱的今天，其實更需要老師聆聽學生的心聲，尤其是內向、挫敗的學生。現代師生關係，還有很大的改善與進步空間。

二〇二〇年起因新冠疫情爆發，使得上課必須戴口罩、保持社交距離，甚至被迫在家「線上學習」，大幅拉開師生的距離。這是不得已的分開，老師要善用網路增進師生情感，以免愈來愈疏離。疫情過後更要加強實體接觸，挽救這段「人際失溫」。

注意師生之間應有的界限

還要小心的是，師生感情再好也不可跨越界限。某天早上，我開車聽到廣播：「某科大女博士生，因感情受挫在校跳樓身亡」。心裡直覺不妙，是兩年前我在某科技大學教的學生嗎？

她很用功、負責、傑出，課後常找我談話。學期結束後還找過我幾次，她貼心地準備滷味讓我們邊吃邊聊。幾次深談才知，優秀的她心情卻很沉重。她睡得很不好，是因為某段「放不下」的感情。家人狀況也多，單親母親要照顧無法生活自主的弟弟。我表示相信她的能力，覺得困難會隨著她博士學位的取得而化解，還約她以後一起做公益。不料！她竟以最強烈的方式解決情感問題，從十一樓一躍而下。

為何尋死？母親告訴警方，女兒從桃園到台北求學，天天都打電話回家，從未提及感情或學業困擾，也不知道女兒在服用抗憂鬱藥物。母親難過的說：「女兒怕我擔心，總是報喜不報憂，有壓力也自己承擔。」校方指出，這名女生因情緒低落，上學期曾到校方諮商組尋求幫助。

我深感「愧疚」，當初知道她睡不好、看到她消瘦，卻沒有及早「陪伴」及「轉介」到學校諮商組，或鼓勵她去身心科就醫。我只是支持她，放心地以為她有足夠的「問題解決能力」，這反而使她故作「堅強」，錯失了求助及治療的時機。

女孩自殺的主因是什麼？她曾說與某學長的戀愛遭遇重大阻礙。警方在她墜樓的屋頂，找到一把白色女用雨傘，傘面上以簽字筆寫了李白的詩作「怨情」：「美人捲珠簾，深坐蹙蛾眉，但見淚痕濕，不知心恨誰」，這是描寫棄婦的心境。在寢室找到遺書，得知那位讓她感情上放不下的學長，竟是就讀研究所的已婚老師，經學校調查屬實，該教師已被解聘。

法國最年輕的總統馬克宏，在十五歲讀中學時愛上四十歲、已婚、有三個孩子的老師布莉姬特，馬克宏還跟她的孩子同班。他告訴老師：「十七歲時，我會和妳結婚」，馬克宏的父母盛怒，把他「放逐」到巴黎，並警告布莉姬特：「在我兒子滿十八歲之前不准接近他。」

後來布莉姬特離婚與馬克宏在一起，馬克宏二十九歲時，他們正式結婚。布莉姬特表示：「我被這孩子的智慧征服，他打破了我所有阻力。」

馬克宏認為妻子是聰明出眾的靈魂伴侶，總統勝選時，他說：「布莉姬特，她永遠在這，今後會更常如此，沒有她就沒有現在的我。」

二〇一七年，林奕含所著《房思琪的初戀樂園》一書，講述少女房思琪被補習班老師誘姦的故事，其實正是林奕含自己和已婚補教老師陳國星的真實事件。

書中描述房思琪被老師強暴，只好選擇「愛上」老師，因為「你愛的人要對你做什麼都可以，不是麼？我要愛老師，否則我太痛苦了。」（頁30）但房思琪仍認為對老師的愛是「倒錯、錯亂、亂倫的愛情，有一種屬於語言，最下等的迷戀。」（頁86）

林奕含的父親是名醫，就讀台南女中時，是全校唯一的學測滿級分而錄取台北醫學大學醫學系的學生，哥哥就讀中國醫學大學醫學系。但入學兩週後即因精神疾病惡化而休學，二〇一二年重考進入政治大學中國文學系，再度休學。

書中的李國華為何「性侵」得逞？因為學生的世界單純，被性侵也不知應變。尤其受到「被性侵十分丟臉」觀念所限，不敢讓人知道。「強暴

一個女生，全世界都覺得是她自己的錯，連她都覺得是自己的錯。」(頁86)

書籍出版不久，林奕含在家中上吊身亡，她的父母說：

奕含這些日子以來的痛苦，糾纏著她的夢魘；讓她不能治癒的不是憂鬱症，而是早年一個不幸。她寫書的目的，是希望社會上不再有第二個房思琪。

父母出面控告陳國星，後來台南地檢署判決不予起訴，原因是當事人已故，無從對證。陳國星與林奕含認識時，林已逾十六歲。陳國星是林奕含的補習班老師，不構成「利用權勢或機會為性交」罪嫌。而且根據小說、友人的證詞，難構成「強制性交」罪嫌。

《被隱匿的校園性犯罪：老師叫我不要說，這都是為我好》一書，是日本共同通訊社記者池谷孝司對「受性侵學生」及「性侵學生的老師」雙方之採訪紀錄。老師怎會「性侵」學生？剛開始都是以戀愛之名包裝，至少老師一方如此認為。

智子高二時，被導師山本以討論畢業後出路為由「個別約談」，進而一起外出唱卡拉OK。智子不知如何拒絕，遂被老師性侵得逞。山本說（陳令嫻譯，2018: 113–114）：

冷靜想想，我的確犯了大錯，我把她當作二十二、三歲的女性看待。

智子因為那件事而陷入精神不穩定的狀態，非常痛苦。所以她對山本說（陳令嫻譯，2018: 106）：「希望老師能承認自己犯了身為教師不應該犯的錯。」山本勉強擠出回答：「畢竟老師也是普通人，也會犯錯。」

採訪者池谷孝司聽了這話，忍不住兇了起來，因為全國家長一定會說（陳令嫻譯，2018: 107）：

我們沒打算要讓普通人來教書，難道我們都得把老師當作會犯錯的普通人來看待嗎？

為什麼師生之間能持續不正常的關係？因為遭受性暴力的被害人心生恐懼、自尊心遭到加害人剝奪，而選擇配合加害人。鈴木老師誤以為，由美跟自己在談戀愛，沒有意識到老師握有權力可以控制學生。（陳令嫻譯，2018: 186–187）

以我國來說，依《教師法》第十四條（民國一〇八年修正）：

> 性侵害犯罪防治法第二條第一項所定之罪，經有罪判決確定。經校方組成的委員會調查，確認有性侵害行為、性騷擾或性霸凌行為，就可能被解聘，甚至終身不得聘任。

《校園性侵害或性騷擾防治準則》（教育部，民國一〇一年修正公布）第七條：

教師於執行教學、指導、訓練、評鑑、管理、輔導或提供學生工作機會時，在與性或性別有關之人際互動上，不得發展有違專業倫理之關係。

第八條：

教職員工生應尊重他人與自己之性或身體之自主，避免不受歡迎之追求行為，並不得以強制或暴力手段處理與性或性別有關之衝突。

性騷擾、性霸凌、性侵害是校園極大的問題，尤其在師生之間有權力差異的情境下。如同心理治療領域，不能把案主「移情」對心理師的傾慕，當成個人魅力無法擋。性侵害也會對心理師或身心科醫師造成傷害，一旦誠實檢視，就會了解自己的行為是為滿足一己慾望，而不是為病人著想，絕不應該繼續從事心理治療這一行。

心理治療大師歐文．亞隆說（易之新譯，2002: 255–258）：

想辦法從世界上數十億可能成為伴侶的人中滿足性需求，除了病人以外的任何人都沒關係。

《台灣輔導與諮商學會諮商專業倫理守則》中，列有個案的「免受傷害權」：

諮商師應謹言慎行，避免對當事人造成傷害。避免與當事人有雙重關係，例如：親屬關係、社交關係、商業關係、親密的個人關係及性關係等，以免影響諮商師的客觀判斷，對當事人造成傷害。

諮商師不可與當事人或與已結束諮商關係未超過兩年的當事人建立親密或性關係，以免造成當事人身心的傷害。

知悉學生被老師「猥褻或性侵」，如何通報？依《性別平等教育法》第二十一條：

學校校長、教師、職員或工友知悉服務學校發生疑似校園性侵害、性騷擾或性霸凌事件者，除應立即依學校防治規定所定權責，依性侵害犯罪防治法、兒童及少年福利與權益保障法、身心障礙者權益保障法及其他相關法律規定通報外，並應向學校及當地直轄市、縣（市）主管機關通報，至遲不得超過二十四小時。

學校校長、教師、職員或工友不得偽造、變造、湮滅或隱匿他人所犯校園性侵害、性騷擾或性霸凌事件之證據。

電影《寒蟬效應》(2014)，故事原型為台灣某大學的校園性侵案例。某教授被控在指導某女學生碩士論文時，以「不想讓你畢業」要脅，對女學生強吻、撫摸等性騷擾達數十次，導致該生精神崩潰向學校申訴，校方調查後認定性騷擾事件成立。

但教授的家人及不少同學都支持教授，案情一度陷入膠著。該碩士生被同學認為是勾引老師不成而反咬一口，教授的妻子也為了維持幸福美滿的家庭而選擇傷害他人。

師生關係本來十分單純，即使學生對老師產生情愫，尤其是未成年學生因身心尚未成熟、不能獨立判斷，老師應予以開導、分析，絕不可利用學生的「單純」來滿足自己的「慾望」。平時與學生相處要留意自己的言行舉止，以免造成不當的愛情聯想，甚至被檢舉、投訴。

從慘痛的師生衝突中成長

以「當責」的角度來看，教師需要不斷自我改進，從教學挫敗的經驗學習。教師最大的挫敗，就是師生衝突吧！

我曾到某研習單位授課，因「指正學生」而「下不了台」，之後的課程也被取消。那是一個高階研習班，「高階」是指該公職考試非常困難，錄取者都是「菁英中的菁英」。

當天我教授「時間管理」，分兩週進行。因前一節老師延遲下課，原本十點半的課到十點四十五分才開始，我有些焦急、怕上不完。

這個班不到二十位學員，一目了然；但出乎預料的，似乎不太投入。

上課時，有人看英文雜誌，有人做自己的事，有人相互交談且音量大到干擾上課。我幾次靠近交談者，「暗示」他們要專心上課，但狀況依舊。於是我「按捺不住」說：「我的學生裡，沒有人在老師接近三次，還膽敢繼續交談。」

霎時學員閉上了嘴，同時也不再理我。不久一位學員舉手說：「要上廁所，因為剛才下課排隊的人很多。」我說「好」，不料一下子出去了七、八位，直到下課前才回來。剩下的學員請他們發言或提問，都沒人回應，尷尬之餘我只好說：「這次上課內容可能不符合你們需要，請提出建議，下週我再準備。」沉默了一會兒，一位學員舉手說：

我是學員長，代表大家說說我們今天的感受。剛才許多學員出去，是因為對你很「感冒」。以前我讀大學時，教授說：「學習是自己的事，教授無權強迫學生。」教授只負責教，不可干涉學生要不要學。你卻強迫我們要學習，還指責交談的同學，這對我們是很大的羞辱，因此我們集體退場以示抗議。

當天回家我吃不下飯，只能自我打氣：「哪裡跌倒就哪裡爬起來，想想下週該怎麼重建關係吧！」不料第二天研習單位來電：「學員要參加其他重要活動，所以下週的課程取消。」我很錯愕、挫折！

後來到另一研習單位授課，負責的專員也告訴我：「這個班程度很高，有不少頂尖大學的畢業生及考取師級證照者。」這班也不到二十人，我先請大家調整座位，將分散的四排集中為兩排。

開始上課後，有人翻開一本與課程無關的「很厚的書」，其他人也正準備翻開自己想看的書。這時我趕緊請大家打開「真正的教材」，讓他們專心於這一門課。原先看「很厚的書」的同學收了起來，另一位學員則立即舉手：「我的哥哥讀英國劍橋大學，他說學習是學生的權利，大學教授不能強迫學生上課。」哇！歷史重演了！

我笑著回答：「我沒讀過劍橋大學，但我相信你哥哥是對的。劍橋大學不要求學生上課一定有其背景因素，我們得了解全貌才能下判斷。」這位學員很有「慧根」，之後就專心上課，態度也十分謙卑，課程結束還跟我說再見。

後來搜尋才知，英國大學不設學分制，所有人都得按部就班完成規定時間的學習。一年三學期，每次上課八週、休息六週，第三學期上課八週後，即是三個多月的暑假。第三學期上課與考試各半，大四畢業必須考八個科目，考前要交畢業論文。上課時間很少，每週約四至八小時，最大的挑戰是每學年的論文報告和畢業論文。課程不以教師的授課為主，上課時間不到一半就給學生作業，幾個星期後交作業。學生收到老師的回饋，可到課堂上與老師討論。老師開一大堆參考書目讓學生閱讀，所以圖書館是重要的課堂。學生進入大學前已有研究方向，整天忙於實驗室和圖書館。

從這兩次事件我學到，**老師糾正學生時的措詞不可過於直接或嚴厲**。即使學生表現與自己的期待有落差，或學生的行為對教學造成干擾，老師都應該控制情緒及言語，避免造成直接衝突。

西元八〇二年，韓愈寫〈師說〉一文，感慨「師道之不傳也久矣！」韓愈發現聖人雖超越普通人甚多，依然勤學好問，一般人遠不及聖人卻以「從師問學」為恥（「古之聖人，其出人也遠矣，猶且從師而問焉。今之眾人，其下聖人也亦遠矣，而恥學於師。」）。

現代老師也有類似的困境，學生常覺得自己夠好了，聽不進逆耳忠言。或認為老師教得太過簡單，不想浪費時間。孔子能因應學生的個別差異，相同的問題給予不同的解答。**現代教師也要了解學生的個別特質，給予不同的建議與對待，否則極易引發學生不服，包括隱形的對立。**

老師要以柔克剛、外柔內剛，運用最佳的溝通技巧執行教學規則。對於不守班規的學生，先了解及接納其原因，再與學生商量、協調其他的做法。

更新管教的方式

若老師總是和藹可親但管教方法不一，學生可能「喜歡」你，但你無法管理及進一步教導學生。若老師總是疾言厲色，所用的方法前後不一，那麼你的管教注定失敗。若老師疾言厲色，但管教方法一致，情況也許會好一點，但效果仍然不理想。如果老師和藹可親，而且能前後一致，課堂管理及教學效果都會成功。（林金源譯，2014: 30）

教學要同步處理學生的疑難雜症，如：犯錯卻不知改進、被動學習、特殊學生、想吸引老師注意、對上課內容提不起興致、不理會班規、上課睡覺、健忘、逃避責任等。

如果師生之間存在有形距離，學生的不當行為會變本加厲。反之，愈與學生接近，他們愈不容易做出不當行為。如果某個學生正在搗亂，你只要走過去、停在他身旁，不必改變授課步調。老師在授課時有目的移動，跟學生靠近，他們就越能展現良好的行為。(林金源譯，2014: 38)

《菜根譚》說：「威宜自嚴而寬，自寬而嚴，人怨其酷。」老師先以「嚴謹」，也就是清楚、合理的規範讓同學「收心」及讓教師「立威」。說明為何要訂定這些規範之後，就交由他們自主抉擇如何遵守或要遵守多少。

管教學生首要「守法」，台灣是世界第一〇八個立法「零體罰」的國家，二〇〇五年十二月二十八日「教育零體罰」進入《教育基本法》。對學生不只禁止身體傷害，也包括言語傷害。第八條說：

學生之學習權、受教育權、身體自主權及人格發展權，國家應予保障，並使學生不受任何體罰及霸凌行為，造成身心之侵害。

教育部訂頒《教師輔導與管教學生辦法注意事項》，老師可以處罰學生「站立反省」或「體能活動」，但禁止交互蹲跳、伏地挺身、頂瓶水走操場等，可能導致「橫紋肌溶解」的體罰。

教師罰學生跑操場，若未注意該生身體狀況而致暈倒受傷，可能構成過失傷害罪甚至過失致死罪。老師體罰過當，須賠償學生所受之實際損害及精神慰撫金。依《民法》第一九五條第一項：

不法侵害他人之身體、健康、名譽、自由、信用、隱私、貞操，或不法侵害其他人格法益而情節重大者，被害人雖非財產上之損害，亦得請求賠償相當之金額。其名譽被侵害者，並得請求回復名譽之適當處分。

依《教師法》第十四條第一項第十二款規定，教師聘任後有體罰學生，造成其身心嚴重侵害，得予解聘、停聘或不續聘。

另依《教育人員任用條例》第三十一條第一項第十二款規定，體罰學生，造成其身心嚴重侵害，不得為教育人員；其已任用者，應報請主管教育行政機關核准後，予以解聘或免職。教師未經任用者，學校不得任用；已經任用者，學校應報請教育部核准後，予以解聘或免職。

若在教室、走廊、校門口等場所，以言語羞辱、嘲笑學生，對學生身心產生影響，負有刑事、民事及行政等責任，如公然侮辱罪。依《刑法》第三〇九條第一項規定：「公然侮辱人者，處拘役或九千元以下罰金。」教師以暴力方式侮辱學生，如：朝學生臉部吐口水、強拉學生之手並手指辱罵等，則可能構成暴力公然侮辱罪。

依教育部於民國八十六年七月六日公布，民國一一一年二月十一日修正學校訂定《教師輔導與管教學生辦法注意事項》第二十二條，合法的「一般管教措施」包括：

1. 口頭糾正。
2. 在教室內適當調整座位。
3. 要求口頭道歉或書面自省。
4. 要求完成未完成之作業或工作、適當增加作業或工作。
5. 要求課餘從事可達成管教目的之措施。
6. 限制參加正式課程以外之學校活動。
7. 經監護權人同意留置學生於課後輔導。
8. 要求靜坐反省。
9. 要求站立反省（每次不得超過一堂課，每日累計不得超過兩小時）。
10. 在教學場所一隅與其他同學保持適當距離（以兩堂課為限）。
11. 經其他教師同意，於行為當日，暫時轉送其他班級學習。

老師若無法處理學生問題，依法可商請學務處、輔導處及家長共同協助。如第二十四、二十五條：

依第二十二點所為之管教無效或學生明顯不服管教，情況急迫，明顯妨害現場活動時，教師得要求學務處或輔導處（室）派員協助，將學生帶離現場。必要時，得強制帶離，並得尋求校外相關機構協助處理。

學務處或輔導處（室）依前點實施管教，須監護權人到校協助處理者，應請監護權人配合到校協助學校輔導該學生及盡管教之責任。學生違規情形，經學校學務處或輔導處（室）多次處理無效且影響班級其他學生之基本權益者，學校得視情況需要，委請班級（學校）家長代表召開班親會，邀請其監護權人出席，討論有效之輔導管教與改進措施。

班規要靠合理的訓練以完成，而非把「教師的期望」都當成「學生的應該」。如《優秀是教出來的》一書作者隆．克拉克（Ron Clark），訂出了「超基本五十五條班規」，逐一訓練，使小學生能舉止得宜、有禮、感恩、善良又懂得付出。如：

1. 與大人應對，要有禮貌，有分寸
2. 與人互動，眼睛要看著對方的眼睛
3. 別人有好的表現，要替他高興
4. 不要主動討獎品
5. 不可以上課上到一半，起身去倒水
6. 同學受罰的時候，不要看著他
7. 進門時，如果後面還有人，請幫他扶住門
8. 別人碰撞到你，不管你有沒有錯，都要說對不起
9. 校外教學時，到公共場所都要安安靜靜
10. 去參觀別人的地方，要不吝於讚美

班級秩序與教學進度孰者優先？若學生個別或群體問題嚴重時，要以何種心態面對？不論什麼問題，而今都要以「正向管教」方式進行，精髓是：教學目標不要太高，班規不要訂得太細太多，不要立即展現強硬的教學態度，不要太過強調罰則，要與學生及家長充分說明，讓學生清楚自己犯錯之處、改進之道。

這是我的聯絡方式，希望可以一起交流孩子的學習狀況，任何問題都可以打給我喔！
太好了！我一個農夫，要「隔代教養」，真不知道該怎麼跟孫子相處，有老師可以問就放心了！
阿公不是不理我，是不知道要跟我說什麼？

3 親師是「輪日夜班」的同事

老師與家長的磨合

在「少子化」的時代，每個學生都是家長的寶。在「零體罰」的前提下，處理學生問題要和家長妥善溝通。若家長和學校管教措施不一致，如今的機率愈來愈高、程度也加劇，如何「化解歧異、促進合作」，是現代老師須具備及精熟的「軟實力」。

有時家長比學生還難溝通，是因為人生經驗影響了他們對老師及教育的觀感。無論家長是友善、冷漠甚至不信任老師，還是要了解其需求，與家長建立夥伴關係。

成人的想法不似學生單純，老師要留心所說的話，並觀察家長的反應，以免因認知或價值觀落差，造成親師潛在或明顯的衝突。

即使在平日，老師也要與家長有所接觸，預防可能的問題或更快速幫助學生消除學習困境。老師透過家庭狀況及父母管教態度的了解，找出學生問題的部分來源。例如：上學遲到，可能是賴床、起不來，或因住得遠、車班不多，也許是補習晚歸、需要幫忙家務或家計。較糟的是由於家庭不利因素，如：父母吵架、父母上晚班而無法管理孩子作息、父母晚睡，以致孩子無法好好睡覺，造成睡眠不足、上課無法專心。若學生不僅遲到甚至拒學，就更要親師共同探究原因及分工合作。

有些學生看來沒有大問題，卻畏縮、不擅表達、朋友少，這時可經由家長描述來了解學生的個性、專長、需求、亮點，解決其人際問題。若學生的心理、生涯、交友等問題已然「明顯」，則親師要共商解決策略，彼此像「輪日夜班」的同事。

若家長無能為力，直接表明「管不了他」，尤其隔代教養、父母在外地工作、單親教養、家裡很忙、父母教育程度不高、小孩不受教、孩子已有犯罪行為、孩子有心理或特教問題等，老師還是要同理、支持與鼓勵，讓家長承擔部分責任。對於「非能力所及」或「很疲憊」的家長，學校可適度伸出援手，包括尋找社會資源。

如今幾乎沒有「家庭訪問」了，大多採取家庭聯絡簿或其他通訊方式，包含臉書及 LINE 群組，但老師還是掙扎「要不要留手機號碼或 LINE、臉書給家長？課後要不要與家長互動？」尤其擔心家長「騷擾」，如不合理的要求、過於頻繁的聯絡與求助、謾罵與批評。所以要共訂親師溝通的範圍與時間，不隨意給家長「承諾」。

大學教授好像「不需要」與家長接觸，其實不然，當學生的身心障礙嚴重或發生師生衝突時，還是要家長出面處理，以免學生發生危險、打擊教學士氣。或「標籤化」某類學生，而使其他老師不願教或覺得無法教。

親師溝通或合作，並非導師或一般老師的責任，也需要學校行政或輔導團隊加入，如：學生嚴重行為偏差、特教生、心理疾病、親師衝突、家長向學校投訴老師等狀況。

親師是共同承擔、相互激勵的好夥伴

現代社會愈趨複雜，家庭破碎、社會犯罪、網路誘惑日增，社會閱歷尚淺的「學生」受害最深。面臨父母失和、家庭暴力、學校霸凌、戀愛與失戀、學習困難、人際困難、挫敗、前途茫茫……等問題，若老師未及早介入，及時「解決」及「校正」，不僅學業退步，還會因扭曲為人格異常、犯罪、心理疾病，甚至自殺、殺人。

我國教育至今仍存「優勝劣敗」、「適者生存」的觀念，有些孩子從小成績不好，另一端的孩子則「高處不勝寒」。失敗的孩子自卑，沒有足夠學習動機。追求「卓越」且課業成績、聯考分數高分者，可能「爬得愈高，摔得愈重」，一樣不能面對挫敗。

依教育社會學的觀點，成長不可能與家庭脫節，教育資源及父母教養方式對人格發展的影響最大。想養出優秀傑出的人才，付出的代價也很大，卻不一定能以「喜劇」收場。而脆弱或危機家庭，更容易造成孩子犯罪或自殺。遺憾的是，不論哪種家庭，不少父母在孩子發生嚴重狀況時，猶不知自己在教養上有哪些疏失？親師是夥伴關係，老師也不能將責任全推給家長，要反省自己在管教學生上有哪些疏失？

富裕家庭的父母可能擔任主管或自營事業，無時間陪伴子女。有些家長則屬於寬鬆派，只要小孩開心就好，不給太多壓力。有些家長認同「自主學習」的教育理念，不干涉或強制孩子。各類家庭都有或多或少的特殊需求，需要親師之間多加溝通、減少差距，互相依靠與提醒。

老師要與家長建立夥伴關係，成為促進學生成長的助力。作法如下：

幫助家長信任導師、建立安全感，希望家長不要一直擔心或與其他老師做比較。

讓家長感受老師的「熱情」與「用心」，從老師建議中「獲益」。

與家長個別談話，鼓勵家長陪同孩子一起「校外教學」。

鼓勵家長參與班級或學校公共事務，如運動會、校慶、志工。

我國**傳統教育偏重智育及升學成績，對於孩子是否做家事、助人、交友、解決問題、抗壓等方面相對疏忽**，以致孩子產生下列問題：

1. 自理與做事能力不足：從小由父母或祖父母、外傭幫著準備書包及上學用品、整理房間及衣物，逐漸養成「茶來伸手，飯來張口」的依賴性格，無法獨立生活，也不願幫助別人。

2. 不擅長人際相處：獨佔喜愛的東西，不願與人分享，將別人為他做的一切視為理所當然。不關心家人或同學，自覺「高人一等」而不願與人合作。

3.抗壓力不足：受挫或被拒絕時吵鬧或與人交換條件，想要某樣東西時不能等待或放棄，被指出錯誤時不肯自我反省，遇到問題馬上喊父母或依賴別人來協助，容易生氣卻又說不清楚為什麼，天氣稍熱即煩躁、抱怨而不做該做的事。

4.自律能力不足：生活作息紊亂，對於規定或約定的事不能遵守，如打電動、看電視或睡覺的時間。打掃、洗碗等家事或功課敷衍，需要做決定時不知道自己要什麼，零用錢不能量入為出，在校有好表現只是為了維持「好學生」的形象。

父母常認為課業、升學最重要，但其實這些對社會生存及團隊合作不見得有用。若成績好而傲慢、自私、冷漠，反而造成自己及他人雙重的損傷。

我的女兒曾在文創園區的展場工作，發現不少年輕父母帶孩子來觀展時，對於孩子不受拘束的行為常束手無策。或乾脆在一旁滑手機，將孩子丟給工作人員「照顧」，讓人提心吊膽。女兒覺得政府不該只重視生育數量，更該注重養育品質，使父母不要「放棄管教」。能帶孩子來看展覽已是有意願承擔教養責任的好父母，但仍需學習正確的教養方式，與老師一起導正孩子。

多數家長不相信孩子能自我管理，所以一直「驅使」孩子。馥茗恩師認為，**小學低年級起就可以培養自我管理與負責的能力**，例如（賈馥茗，2007: 111）：

暑假有一段相當長的時間，教孩子生活就要教他生活計畫。……家長要利用機會和孩子「商量」怎麼利用這段時間。

首先最好聽聽他的想法：例如有多少必須要做的假期作業，可以問他怎麼分配一天的時間，怎麼利用休閒時間？

家長也可把自己的計畫說出來，與孩子一起商量，把雙方同意的活動調配好時間，讓兒童自己做成計畫表，斟酌能實際做到的做為定案，並確定必須按日完成。

老師想幫助父母改變教養觀念及作法，可能會增加不少負擔，但比起「出事」再來善後，還是輕鬆許多。老師的「客觀」及「專業」比起父母獨自摸索，不僅事半功倍更可避免「差之毫釐，謬以千里」的教養悲劇。

老師還可幫忙化解親子衝突，指導成年或未成年子女與父母良性溝通，例如我的學生說：

我遇到的第一個溝通問題，也是人生最大的問題，就是與父母的相處。我的父母有著強烈的自我堅持，他們的社會經歷豐富，是別人眼中的模範父母，卻沒有做好「孩子會長大」的準備。他們只聽想聽的話，孩子說錯就有嚴重後果。很愛長篇大論，灌輸一些我們不認同的觀念。

我選擇容忍讓步，說他們想聽的話，做他們希望的事，扮演他們喜歡的孩子，容忍他們亂發脾氣，但這些壓力也在我心裡一點一滴地累積。

最近一些事件讓他們對我很失望，對我說了過分的話。讓我開始思考，之前的做法是不是錯了？現在我決定儘量做自己，但讓他們知道我沒有冒犯的意思。

日本近年來出現一群「不升學、不就業、不進修」的「尼特族」(NEET, Not in Employment, Education or Training)，這些年輕人一直在父母羽翼下保護，進入社會後喪失做決定的能力與勇氣，職場受挫就不願再嘗試而退縮回家，漸漸成了足不出戶的「繭居族」。

尼特族或許曾是「乖乖牌」，從小接受父母的安排，符合父母期望而努力讀書、補習，但成年後就以消極態度表達對父母的不滿，「父母過度保護」是養出尼特族的主因。

特殊生的法律保障與輔導措施

身心障礙的特教生有不少時間在普通班，有部分時間到資源班。導師及各科老師透過家長取得充分資訊，再與班上同學一起照顧特教生、預防問題發生。萬一有狀況，也需要家長支援。

老師要預防特殊生「被霸凌」，解決其人際及適應問題。親師之間互助互補，而非單向要求對方。學校要辦理相關的親職教育課程，輔導特教生家長參加同質團體。也要為老師開設特教生及心理疾病輔導之增能課程，邀請特教專業團體入校及入班宣導。

老師要充分了解特教生的相關法規，不僅為了找到更多資源幫助特教生，也是提醒自己要有正確的態度，以免不小心觸法。

1.《特殊教育法施行細則》（民國七十六年三月二十五日發布，民國一〇九年七月十七日修正）第九條：

本法第二十八條所稱個別化教育計畫，指運用團隊合作方式，針對身心障礙學生個別特性所訂定之特殊教育及相關服務計畫；其內容包括下列事項：

一、學生能力現況、家庭狀況及需求評估。

二、學生所需特殊教育、相關服務及支持策略。

三、學年與學期教育目標、達成學期教育目標之評量方式、日期及標準。

四、具情緒與行為問題學生所需之行為功能介入方案及行政支援。

五、學生之轉銜輔導及服務內容。

前項第五款所定轉銜輔導及服務，包括升學輔導、生活、就業、心理輔導、福利服務及其他相關專業服務等項目。

參與訂定個別化教育計畫之人員，應包括學校行政人員、特殊教育與相關教師，並應邀請學生家長及學生本人參與；必要時，得邀請相關專業人員參與，學生家長亦得邀請相關人員陪同。

前條身心障礙學生個別化教育計畫，學校應於新生及轉學生入學後一個月內訂定；其餘在學學生之個別化教育計畫，應於開學前訂定。前項計畫，每學期應至少檢討一次。(第十條)

2.「脆弱家庭之兒童及少年通報及協助與資訊蒐集處理利用辦法」

如果家長失聯，如住在外地或不理會學校的聯絡，或是「脆弱家庭」，如犯罪、家暴、貧困、家庭成員複雜、父母職業較特別等，超出老師能處理的範圍時，須通報學校，由二級預防單位或社工來接手。

想要教學順利，不僅要解決教學困境，也須減輕學生個別的不利因素，如：

脆弱或危機家庭：父母吸毒、坐牢，無力看顧小孩。兄姊狀況不佳，如未婚生子、中輟、國中畢業後不升學、做臨時工。

單親或隔代教養：收入少、工作不穩或失業、很少煮飯給孩子吃，生活與教育資源不足。

問題父母：酗酒、不積極工作、常借貸度日、家暴。

常隨父母搬遷而轉學：父母工作或婚姻因素，使學生無法有穩定的朋友及學業進展。

民國一〇九年，衛生福利部將《兒童及少年高風險家庭通報及協助辦法》修正為《脆弱家庭之兒童及少年通報及協助與資訊蒐集處理利用辦法》，依據行政院一〇七年二月二十六日核定強化社會安全網計畫，「脆弱家庭」的定義是：

家庭因貧窮、犯罪、失業、物質濫用、未成年親職、有嚴重身心障礙兒童需照顧、家庭照顧功能不足等易受傷害的風險或多重問題，造成物質、生理、心理、環境的脆弱性，而需多重支持與服務介入的家庭。

對於脆弱家庭，除了學校、老師及家長的努力，校外民間團體如博幼基金會、華人無國界教師學會、教會、社會局委託的相關協會等，也會開設課後陪讀班，為孩子預備餐點、提供課業輔導、生活陪伴及自理能力訓練，協助學生重建自信、培養讀書習慣、提升課業成績、學習人際溝通、考上理想志願、媒合有興趣的學習管道。

3.「危機家庭兒童托育補助」

下列危機家庭可申請政府經濟補助：

父母一方或監護人失業、經判刑確定入獄、罹患重大疾病、精神疾病或藥酒癮戒治，致生活陷於困境。

父母離婚或一方死亡、失蹤，他方無力維持家庭生活。

父母一方不堪家庭暴力或有其他因素出走，致生活陷於困境。

父母雙亡或兒童及少年遭遺棄，其親屬願代為撫養，而無經濟能力。

未滿十八歲未婚懷孕或有未滿十八歲之非婚生子女，經評估有經濟困難。

其他經評估確有生活困難，需予經濟扶助。

4.《學校訂定教師輔導與管教學生辦法注意事項》

依教育部《學校訂定教師輔導與管教學生辦法注意事項》，是從小學至大學均適用的法規，第三十四條「脆弱或危機家庭學生之處理」：

教師輔導與管教學生過程中，發現學生可能處於脆弱或危機家庭時，應通報學校。

學校應採取晤談評估等方式，辨識學生是否處於脆弱或危機家庭，建立預警系統，建構其篩檢及轉介處遇之機制，以預防兒童少年保護、家庭暴力及性侵害事件之發生，並得於事件發生時，啟動校園危機處理機制，有效處理。

面對重大違規且需長期輔導的學生，如第三十三條「學生之追蹤輔導及長期輔導」：

教師、學務處及輔導處（室）對因重大違規事件受處罰之學生，應追蹤輔導，必要時應會同校內外相關單位共同輔導。學生須接受長期輔導時，學校得要求監護權人配合，並協請社政、輔導或醫療機構處理。

需要家長承擔管教責任如第二十五、二十六條，第二十五條「監護權人及家長會之協助輔導管教措施」：

學務處或輔導處（室）依前點實施管教，須監護權人到校協助處理者，應請監護權人配合到校協助學校輔導該學生及盡管教之責任。

學生違規情形，經學校學務處或輔導處（室）多次處理無效且影響班級其他學生之基本權益者，學校得視情況需要，委請班級（學校）家長代表召開班親會，邀請其監護權人出席，討論有效之輔導管教與改進措施。

第二十六條「學生獎懲委員會之特殊管教措施」：

學務處認為學生違規情節重大，擬採取交由其監護權人帶回管教、規劃參加高關懷課程、送請少年輔導單位輔導，或移送警察或司法機關等處置時，應依該校學生獎懲辦法，簽會導師及輔導處（室）提供意見，經學生獎懲委員會討論議決後，始得為之。

學生交由監護權人帶回管教，每次以五日為限，並應於事前進行家訪，或與監護權人面談，以評估其效果。交由監護權人帶回管教期間，學校應與學生保持聯繫，繼續予以適當之輔導；必要時，學校得終止交由監護權人帶回管教之處置；交由監護權人帶回管教結束後，得視需要予以補課。

所謂「高關懷課程」如第二十七條「高關懷課程之實施」：

為有效協助校園之中輟及高關懷群個案，學校應視需要，開設高關懷課程。

高關懷課程編班以抽離式為原則，依學生問題類型之不同，以彈性分組教學模式規劃安排課程（如學習適應課程、生活輔導課程、體能或服務性課程、生涯輔導課程等），每週課程以五日為限，每日以七節以下為原則。

5.《家庭暴力防治法》

學生的潛在問題，其實比想像得多。經驗豐富的老師能觀察到細微線索，並及時通報。例如「家暴」是家庭成員間實施身體、精神或經濟上之騷擾、控制、脅迫或其他不法侵害之行為，依《家庭暴力防治法》第五十條：知有疑似家庭暴力，應立即通報當地主管機關，至遲不得逾二十四小時。

前述《學校訂定教師輔導與管教學生辦法注意事項》第三十六條「教師或學校之通報方式」：

教師或學校知悉兒童及少年保護、家庭暴力、性侵害、校園霸凌或校園性侵害、性騷擾、性霸凌事件，應於知悉事件二十四小時內依法進行責任通報，並進行校園安全事件通報，由校長啟動危機處理機制。

6.「住宿慈暉生」

教育部「國民中小學慈暉班實施計畫」協助中輟學生減輕家庭困境，促進其生活適應、技藝才能、學習能力與適性發展。包括：高風險家庭學生、雙親亡故之依親學生、單親家庭學生。

各縣市學校均有設置「慈暉班」，收容上述家庭照顧能力不足的孩子。例如位於偏鄉的新北市平溪國中於民國八十五年設置「慈暉班」，全校三分之二學生為來自大台北的「住宿慈暉生」。

平溪國中採「融入式」教學，全校師生一起吃飯，就像一個「大家庭」。學校老師提供暫代性親情，穩定學生的心情。照顧範圍很廣，包括：住宿及生活照顧、生活輔導、學習輔導、生涯輔導、適性教育課程。慈暉生的學籍仍在原國中，週休二日可回自己的家，以維繫及增強家人關係。

幫助家長提振家庭功能

有些孩子從小甚至嬰兒時期起，即因父母離異、外地工作、死亡或入獄等，而由阿公、阿嬤扶養。有些父母再婚後偶爾回來看看，但親子互動不足。若阿公阿嬤的收入少、屬於經濟弱勢，對孩子的身心照顧及教育投資均欠缺，就會無力好好教養孩子，例如尖石鄉水蜜桃阿嬤的故事。加上老人家對新世代的觀念不了解，孩子的心事無人述說，例如電影《只有大海知道》裡隔代教養的故事，小男孩馬那衛的奶奶不忍心苛責他的調皮搗蛋，因為馬那衛看起來就像個孤兒。更糟的是，萬一孩子因為網路交友不當，甚至為了網友而離家出走，手機成癮、貪玩電腦遊戲以致半夜不睡覺等，阿公阿嬤更加無能為力。

家庭若失能，學校就要設法彌補。學校若不關注學生的生活，就不算完整的教育。教師節之所以辦理感恩活動，就是讓老師得到回饋而感到欣慰，之後更願意付出。我們不僅要感恩個別的傑出教師，更要感謝默默付出的「教師團隊」。

問題學生不是「麻煩製造者」，無法專心學習是因為還有尚未解決的「重大」問題，如感情、家庭、經濟、課業、身心疾病、人際衝突……等。若父母不在身旁，就需要細心的老師多加幫忙。我讀國中時，導師觀察到我不快樂、沒自信，經與我父親連絡後才知道，是因為生母在台北、但與後母不親近。於是老師課後常與我談心，幫我突破課業瓶頸，給我溫暖的「類親情」。

父母失和甚至離婚，對孩子的打擊很大，「有媽的孩子像個寶，沒媽的孩子像根草」。父母若決定分開，應與孩子溝通說明，而不是隱瞞欺騙。我的學生以她的經驗「現身說法」：

父母不管爭吵、分房（居）或離婚，其實小孩都有感受。我還記得小時候父母一次大吵，我聽到「分開」這兩個字，真的極其恐懼。我哭紅了眼，拿一張白紙要媽媽簽名，約定不會跟爸爸分開。

媽媽承諾了，當下我真的感到無比安心。後來只要父母吵架，我都會偷偷跑去看媽媽的衣櫃，看媽媽的衣服還在不在，深怕媽媽離我遠去。由此可知父母的行為對小孩的巨大影響，我當時是多麼徬徨無助啊！

我自己也在單親及重組家庭中長大，深深了解家庭破碎之苦、繼親建立親子關係之難。父母離異後我們四個都跟著爸爸，但爸爸通常臥病在床，身體稍好才外出打零工。十歲的我須「姊代母職」帶好弟妹，還要洗衣、打掃、買菜、做飯、撿柴火煮飯及燒洗澡水。早上爸爸出門工作前會先叫醒我，要我再叫醒弟妹。其實我自己都睡得迷迷糊糊的，嘴上應著「起來了」，但根本還沒醒，所以我們上學經常遲到。加上服儀不整、作業寫不好，老師經常責備我，要我向其他同學看齊。我看著頭髮綁得很整齊的女同學，不禁心中感嘆：「老師您知道嗎？我的家不僅缺一把梳子，更缺一個媽媽啊！」

小學時可能潛意識裡不想上學吧！我老是「肚子痛」，應該是想博取同情。我常到保健室休息或被同學背回家，當年老師怎麼看我？是否把我歸類為骯髒、偷懶、不認真的問題學生呢？

讀國中時爸爸再婚，但後母與爸爸經常吵架，後母說我們都是壞孩子。後母大部分時間離家出走，在家時對我們動輒打罵，彼此很難建立情感。因此我依然慣性地「肚子痛」，國二及國三的導師看出我的不快樂，但她們沒有說破，只默默給我更多課業輔導與心理支持。

國中老師可能覺得我很懂事、上進，所以願意多幫我一把！其實真正積極、負責的是我爸爸，老師是在為「類單親」的家長「分憂解勞」。

我的家庭雖然不健全，但我有一位卓越的爸爸。即使家境貧困，他仍設法幫四個小蘿蔔頭「進補」。他在糧食局工作，去鄉下出差時，農夫請他吃自種的香蕉、芒果，他都帶回來給我們。他還跟路邊賣西瓜的老闆商量，將賣相不好、部分腐壞的西瓜，帶回給孩子吃。我讀大學時，他蒐集糖果、餅乾、衣服、日用品等，集滿一箱就寄到學校給我，他稱為「百寶箱」。子女離家讀書後，他常寫很長的家書，關心我們的生活細節。

對於「低自尊、高自卑」或有家庭問題的孩子，老師要有足夠的覺察與同理，才能幫他們化解困難、增添快樂。這不是導師一人的責任，各科教師與學校行政團隊要一起組成啦啦隊，支持家庭功能不足的學生實現夢想。

老師與家長建立關係的方法之一，是寫信向家長自我介紹，表示會盡全力協助學生，讓學生有收穫。或設計調查表、問卷，讓家長描述孩子的特質及需要老師協助的地方。

學校與老師對親職教育的貢獻

老師可提供一些時段給需要的家長「親師聯絡」，家長則應體諒老師辛勞而不任意打擾老師。學校可以幫忙提振家庭功能的方向還有：

1. 鼓勵父親為孩子付出更多時間與心力。
2. 協助單親與隔代教養提高教養技巧、找到更多資源。
3. 指導家庭溝通的技巧（包括三代同堂），維繫家庭和諧。
4. 親師及學校行政體系一起處理孩子嚴重的管教與輔導問題。

某週五晚上，我到新北市一所都會型國中擔任親職教育講座。那晚很冷，原本報名的家長不多，於是我猜測：「這下更有不出門的理由了，出席的人應該寥寥可數吧！」

不料一進會場，我及輔導主任的眼睛都亮了，全場洋溢著學習熱情，不少父母帶著孩子一起「親子共學」。當天的題目是「與國中生共同學習時間管理與壓力紓解」。演講結束，我接到不少家長的訊息或來電，希望學校多舉辦這類親職教育活動。尤其要「巧妙」地為爸爸量身訂做，因為爸爸較易放棄管教，媽媽實在無法一人承擔全部教養工作。

父母永遠居於教育的最重要位置，馥茗恩師認為家庭是問題的根源，解決教育問題得從家庭開始，她提出「好父母五大須知」：

1. 不要過度關心

對兒女的未來存有期望時，要仔細觀察孩子的性格、能力及興趣。不能強迫子女放棄自己、不做自己，而成為父母希望的樣子。尤其是強迫補習（升學或才藝）這部分，不僅不顧慮子女的意願、志趣，也疏忽了補習對孩子生活作息如睡眠、飲食以及休閒活動、人際關係等的不良影響。

2. 不要溺愛、放縱

「放縱」的開始是因為孩子幼年時無不可愛，以致任其作為。即使偶爾管教，也是「言不由衷」，聽起來彷彿「同意」其惡行。父母對子女若不能「適度而必須的約束」，使其學到「可」與「不可」、「應該」與「不應該」的界限，就會養成「自以為是」、「任性作為」、「目中無人」的狂妄性格。

3. 不要強迫命令

隨著子女成長，父母更要尊重子女，把「代為主張」改為提供意見，以關心的態度代替撫摸、偎抱，以耐心及商量代替疏忽及命令。孩子犯錯時要鼓勵他思考原因，還要將該怎麼做的決定權交給孩子。

4. 不要輕忽身教

父母的身教，最基本的是生活作息的安排，應培養孩子聽鬧鐘的警覺，培養孩子起床的責任感。父母應堅持「正規的作息時間」，且要孩子自動實行。對於孩子的家庭作業，父母最好只提醒他及時完成，如有可能才進行監督。其他期望兒女做到的事，如喜歡閱讀、有禮貌、輕聲細語、惜物惜福、整理環境等，父母均須「以身作則」。

5. 不要造成對立

青少年階段難免反抗父母或冷漠以對，這些都是正常現象。若是小事，父母可淡然處之，這份容忍是為了給孩子留下反省的空間。也許他事後不會認錯或道歉，但仍會約束自己。父母可以注意觀察，只要孩子抗拒的態度逐漸減少、方式逐漸緩和，就是有了改變。尤其不要逼孩子沒日沒夜的讀書，而且偏愛讀書成績較好的子女，最容易造成嚴重的親子對立。

家長若過度寵溺或強勢主導，會使孩子失去獨立自主性。當孩子失去探索與認識自我的機會，不了解自己的興趣、優點、特質、專長與能力，即便得到他人的認同與讚美，自我的接納度仍然很低。

家長對孩子的過度保護，導致孩子欠缺抉擇能力，人際相處也產生強烈的挫折感，除自我封閉或自我放逐外，甚至覺得自己軟弱無能。

孩子長期受到家庭束縛，一旦有能力與條件便想掙脫父母的管束，陷入「受害者」與「加害者」的惡性循環。內在的匱乏導致沒時間自我探索，也無法同理他人，更沒法覺察周遭面臨的問題。

家長教養不當，真是後患無窮。學校為了防止學生問題惡化，也應將「高風險家長」納入「三級預防」的輔導系統。

親師衝突的預防及化解

親師關係的最大危機，是老師被家長投訴到校方、教育局、媒體、民意代表，甚至對簿公堂。若學校沒有完善的處理程序，將使老師孤立無援、身心受創。**學校主政者要先支持老師，由校方出面與家長一起討論後續行動。**不要先認定是老師的錯，而由老師一人承擔。這不僅打擊當事的老師，其他老師也會因而畏懼與家長溝通，視某類家長為難纏人物，更不利於親師合作。

對於家長也同樣，不要認定都是家長的錯，而由家長承擔全部責任。這也會打擊家長，讓他們感到心寒。尤其是對身心障礙或有其他困擾的學生，還是要提前、慎重處理，必要時召開跨單位的個案討論會議，邀請家長參加之外，也包括校外心理輔導、特教專家及法律顧問等。

親師衝突的結果是喜是悲，端看處理的智慧、流程以及經驗累積。

新聞事件

報載（江婉儀、潘才鉉，2021）某年的教師節，新北市某國小一位家長因不滿導師不處理她的孩子「被霸凌」的問題，狀告校長室、教育局，還在臉書社團發文，引發網友同聲指責，讓老師心力交瘁。

教育部公布校園霸凌準則包括「學生對學生」、「師長對學生」，卻忽略老師也可能成為遭霸凌對象。**少數家長質疑老師的管教方式，動輒找民意代表施壓、公審，甚至辱罵，讓許多老師寒心。**

被公審的國小女老師說，家長數度反應孩子被霸凌，經她私下詢問說是跟同學玩。另外她曾轉告家長孩子可能有學習障礙需要早療，但家長不接受還拒接電話。後來家長堅持讓孩子轉班，但導師認為轉班只會讓孩子更害怕，應該要學習解決問題。

其中一名被控霸凌別人的學生，是學校主管的孩子。家長認定導師不敢管教，部分網友也指責「官官相護」。**「霸凌事件」調查一個多月，結果**

真是學生之間的單純打鬧，該名學生沒有轉班，家長也撤下貼文。

因為「少子化」而使家長將注意力都放在孩子身上，但是家長回工作忙又將照顧管教責任交給老師，卻不滿意老師的教育方式。導師無奈地說，家長不願溝通，老師就沒有說明的機會。又被鄉民批判、公審，親師關係失去信任，對她傷害很大。

在緊張的親師關係中，老師在溝通時要多注意措辭，維持心平氣和。作為準公眾人物，應具備良好的溝通技巧，把解決問題擺第一，自己的脾氣擺後面。

《優秀是教出來的》一書的作者隆．克拉克 (Ron Clark) 開辦了「克拉克學園」，其共同創辦人金．碧登 (Kim Bearden) 以實例說明親師溝通的界限與原則。第一年她教的一個叫做傑西的學生，沒禮貌又坐不住，說話很傷人。有一次他用髒話罵了同學，被罰放學後留校一小時，結果他大塊頭的父親也氣呼呼地站在教室門口質問老師：「我兒子是哪裡惹到你了？」

傑西看到爸爸罵老師，臉上帶著得意的冷笑，金．碧登老師衝進校長辦公室大哭。傑西的爸爸離開時，校門口正停著一輛警車，他嚇壞了，趕緊衝回校長室道歉，校長態度堅定的對他說：

謝謝你願意道歉，但我絕不容許家長對學校老師出言不遜。

之後校長告訴金．碧登老師：

當家長進教室對老師出言不遜，就應該請他另外安排時間見面、到教室外面等。讓他當著兒子的面對老師大吼大叫，等於允許他損害為人師表的威信。

這個親師溝通技巧，對金．碧登老師及所有老師都很適用，不可讓家長當著學生的面，對老師有任何不禮貌的行為（張琇雲譯，2014: 72–74）。

萬一親師衝突進入「法定程序」，老師更要冷靜將所有資料及證據整理妥當，並使自己的身心狀態保持到最好。沒有老師希望與家長「法庭相見」，但老師還是要有心理準備，可能碰到「控告」老師的家長。

每年帶班都有棘手的狀況，只盼望能平平安安退休囉！
別那麼想，因應各種狀況而改進教學方式，教學生活會充滿新鮮感與樂趣的！
……

4 「累了、倦了、變了，那不會是我」熱忱電力公司

教學的途徑很多，不要執著於慣性的方法或因「不習慣」就說「不贊同」。嘗試新的教學法就需離開原本的舒適圈，開始難免適應不良，但通過「瓶頸」後就能苦盡甘來。

不必過度推崇某些教學法，需因地制宜、考慮個別差異。而且老師各自的特質與專長不同，有些老師善用科技或研究，另一些則擅長與學生相處，一樣能達成教學效果。

即使獲得教學卓越獎項的老師，也非一帆風順，仍有遭遇學生抵制而灰心、想放棄的時候。其實好老師沒有一定的標準，但總要做一個負責的人，不受眼前影響而改變自己的原則。做一天和尚撞一天鐘，馥茗恩師說：「要先問眼前工作有沒有做好，不向現實低頭！只愁自己的生涯危機而不好好教學，就是捨本逐末。」

「五月天」在二〇〇三年專輯「時光機」中有一首歌《恆星的恆心》：

下定決心我決定，用恆星的恆心等你等你。……

老了、累了、倦了、變了，那不會是我、不會是我。

「優良教師獎」是對教學精神的肯定，不表示所有老師都要變得一樣，或未得獎就不是好老師。教學是團隊工作，並非一兩位優良教師可以完成。教學團隊要一起合作、傳承與交流，還需與學務、輔導、特教等行政團隊協力。教學領域內需要專業成長，同時也要跨領域、跨單位交換意見、腦力激盪。**遇到教學或輔導困境，相關單位應提供經驗與建議或擔任「和事佬」，共同解決問題、恢復正常教學。**

我曾遇過一個學生，我稱他「帽T男」，即使天熱他也將帽T罩上，幾乎看不到他的臉。不僅上課不舉手發言，也不與組員互動。下課時我設法與他交談，也都是「我說他聽」或以「是非題、選擇題」方式讓他點頭、搖頭。但也因此這才知道，他面臨經濟的困境。

於是，我介紹他去學校單位擔任工讀生，交換條件是得去諮商輔導組報到。感謝該工讀單位主管的接納，加上學校心理師的幫忙，效果出奇的好。一段時間後他整個人「活了起來」，可能是經濟及精神壓力解除了。他能跟其他工讀生及班上同學交流了，上課也脫下帽子、抬頭看我了。

設法保持教學「熱情」

安東尼．霍普金斯（Anthony Hopkins，一九三七年生）於一九九二年以《沉默的羔羊》一片獲得奧斯卡最佳男主角獎，二〇二一年於八十三歲高齡再以電影《困在時間裡的父親》獲得奧斯卡最佳男主角獎，是史上最年長的男主角獎得主。這位「活到老，演到老」的演員，十五歲就立志當演員，進入皇家威爾斯音樂及戲劇學院後，一直保持表演熱情，一再創新演出成果。其實安東尼．霍普金斯自小學習歷程就不順利，除閱讀障礙、亞斯伯格症，還曾留級五學期，但這些都不妨礙他的成功。

日本實力派創作歌手福山芳樹（一九六三年出生），是九〇年代著名搖滾樂隊 Humming Bird 的主唱兼吉他手。一九九四年為人氣動畫《超時空要塞7》主角「巴薩拉」獻聲，二〇〇三年加入 JAM Project 創作無數名曲。他的歌迷遍佈世界，也曾多次來台開唱。出道多年仍在音樂上持續精進，粉絲跨越各世代，充分證明「有實力即不會被淘汰」，實力則來自「挑戰自我，日新又新」。

名人介紹

劉德華在電影、歌唱及相關事業都有輝煌成就，一般人視為「阻礙」如：中高齡就業、跟不上時代、不敢冒險、不求進步、固執、與年輕世代脫節等，在劉德華都不成問題。

他屢屢自我挑戰且創造奇蹟，似乎沒什麼擋得了他。難道他不曾失敗、負評？面對挫折的心路歷程是什麼？

劉德華對電影非常熱情，一九九〇年成立電影公司，未料投資失利而負債四千萬港幣，圈內朋友見他如見瘟神。沒想到此時貴人出現，就是多部電影中飾演劉德華媽媽的葉德嫻，她出面幫忙籌錢，加上陳明英、梅艷芳一起出力，劉德華的債務一口氣解決，也讓他與葉德嫻的「母子情」愈來愈濃。合作的電影「桃姐」，雙雙奪得金馬獎影帝、影后。

當年劉德華下跪頒獎給葉德嫻，成為金馬史上珍貴的畫面。後來葉德嫻傳出被子女敗光積蓄，劉德華霸氣的說「要養她一輩子」。

從影四十年來，劉德華一直認真、敬業，認為這是當演員的基本品德。劉德華拍戲每次都準時到場、認真背台詞，能不用替身就不用，危險的戲也親自上場。**劉德華把一個明星、偶像的角色演到最好，讓所有觀眾、粉絲都感到溫暖。**

看過劉德華《拆彈專家》（二〇一七、二〇二〇）年的電影系列，我受到很大的鼓舞，也重拾教學信心。**不再一直擔心自己的年齡、學歷及社會地位而感到自卑、沮喪，**興起了「有為者亦若是」的動力。

法國記者及作家博納．奧利維（Bernard Ollivier）（楊雯珺譯，2015）六十歲時被迫退休，當時妻子已過世多年、子女又離巢，孤寂感使他有了輕生念頭。為了「自救」，他開始長途健行，一面回顧人生，同時找出退休後的「生涯規劃」。

他以三個月時間走完「亞聖各之路」（從歐洲前往西班牙的聖地牙哥，共兩千三百公里），接著規劃了「進階版」，要走超過一萬兩千公里的中國「絲路」。他將三、四年的健行歷程，寫成《長征》系列書籍，獲得好幾項文學獎。更棒的是他找到退休後的使命——成立「門檻基金會」，以「一對一」的方式陪伴少年犯「行腳」，代替入獄的感化教育。

奧利維的健行也給我不少「啟發」，當我遇到生命困惑時，也以長途健行方式「與自己對話」。不僅可以洗滌心靈，也能省思自己的人生目標。現在我決定當個「教育健行者」，到遙遠的偏遠、特偏與極偏學校，以教育軟硬體資源幫助弱勢的孩子。

商朝的開國君主成湯，在盥洗盤內刻了「苟日新、日日新、又日新」，期勉自己天天真誠的洗去惡習，成為「知錯能改、努力創新」，進一步能「自新新人」的人。這不也是老師該做的事嗎？

將教學倦怠轉化為爆發力

遇到嚴重的教學挫敗，難免不知所措甚至想「不如歸去」，該如何過關，重新找回教學的意義或使命？「使命」無關乎宗教或信仰，是理性反思後的決定。有了「使命感」就能善用小我、突破自我極限，讓教學工作及學生的未來更美好。

職業倦怠（Burn-out）最早由美國心理學家赫伯特．佛羅伊登伯格（Herbert Freudenberger）提出，指過度專注於某事致累積過多身體和精神壓力，產生無力或不安、憂鬱、憤怒、喪失慾望等情緒與症狀。

二〇一九年世界衛生組織將「職業倦怠」作為一種職業現象列入《國際疾病分類》（ICD-11），定義為「長期處於工作壓力，卻無法成功處理的一種症候群」。「倦怠管理」也是教育人員需要具備的能力，壓力是主觀感受，每個人對同一事件有不同的詮釋及壓力等級。有些人承受不了而崩潰，有些人則視壓力為挑戰，相信總能找到解決的辦法，壓力不只是阻力、焦慮或痛苦，也可以「借力使力」轉化為爆發力，豐富及深化教學經驗。

職業倦怠來自遇到瓶頸或工作技巧不足，這時就要加強專業能力，把「一萬小時的刻意練習」投注在「壓力點」上。即使那份工作你不喜歡，也要找到新的技巧突破。

馥茗恩師常說（賈馥茗，2005: 9）：「人類社會裡，有些事是你應該做又必須做的，另一方面也有你不願意做但還是必須做的。」老師要做到「即使不喜歡的事，必須做仍要去做」。例如學生某些行為令我們不喜歡，這時我們設法要把一個原來遲到、早退、不守規矩的學生，教到他不遲到、不早退、不擾亂教室秩序，這就是你的成績。十大傑出青年劉銘先生每日分享一句「今日格言」，其中一句：「學會做好一切不喜歡的事情，才能讓你更喜歡自己正在做的每一件事情。」

發生自覺「無能為力」的教學負面事件時，對危機的「詮釋」即可轉變其結果。有韌性的人從長期及大格局審視當前處境，聚焦在可以改變之處，不煩惱無法控制的地方。設定切合實際的目標，「有系統地」行動，才不會多頭馬車、五馬分屍。

藉著「教學危機」可以重新認識與改變自己，並儘快向相關人士求助、與相關單位合作，不要害羞、不要逞強、更不要掩飾，以免問題擴大。留意自己的情緒狀態，維持身心平衡，多做些有趣且讓自己身心放鬆的事，保持規律運動及充足睡眠，才不會被壓力及焦慮擊倒。

良師的力量來自「精誠所至，金石為開」

十九世紀德國教育家福祿貝爾說：「教育無他，愛與榜樣而已。」「榜樣」是身教，「愛」呢？「教育愛」與親情、愛情不同，父母或情人會溺愛、寵愛，是「不理性的愛」，教師則需表現「合理的愛」。

父母透過照顧衣食住行育樂、關心孩子的身心健康來展現親情，老師呢？教育愛的樣態很多，我的國中導師非常慈悲，同理我的家境貧困及遭受後母言語及肢體傷害的痛苦，關愛我的方法包括：輔導我的課業、讓我擔任班長、協助我參加才藝比賽。讓我在校能夠快樂，將注意力轉移到建立自信、實現夢想，最後我考上「夢幻的」第一志願——高雄女中。

我讀台灣師範大學社教系及教育研究所時，更能體會「教育是良心事業」的意義。師範院校的老師都是教育典範，以馥茗恩師為例，她對待學生真誠不欺、無私奉獻。她說（賈馥茗，2005: 15）：

> 從事教育工作的人，對學生要用恰如其分的愛來教他。是一種溫柔親切的感受，你會覺得心裡頭暖洋洋的，很舒服。無論是有所愛或者被愛，都是一個讓人喜悅的感受。

馥茗恩師說，別嫌學生「今天怎麼不把臉洗乾淨？」、「怎麼不把扣子扣好？」看到他臉沒有洗乾淨，要覺得「小髒臉也不錯嘛！」扣子沒扣好要想成「開著一個口通通風，也許他熱了。」這樣一想還會罵他嗎？「就算考試少了一兩分，難道就不值得愛嗎？」（賈馥茗，2005: 16）

馥茗恩師很擅長引導學生，當學生遇到困難時，會要他先思考一週，不要立刻依賴老師給答案。馥茗恩師的關懷無微不至，除了學業，還擴及心靈與家庭。以我來說，她不計較我資質駑鈍，不斷給予我各種實質幫助。當年我還需要照顧幼子，丈夫又在南部工作，沒有足夠時間把論文寫好。

她從不批評我寫得不好，一直幫我修改，讓我在三年內完成博士論文，圓了自己不可能完成的夢想。

馥茗恩師的同理心無遠弗屆、始終如一，被她教過的學生都深切感受。即使學生犯錯了，她還是以「教育愛」諒解及為學生解惑。所以，我當老師的最高目標就是成為馥茗恩師這樣「溫和、溫暖又有智慧及理性」的老師。

電影推薦

二〇一二年中國大陸的電影《老鈴鐺》，描述偏鄉村里小學老師的故事。教了四十年的楊老師去世後，學校只剩下胡老師，但楊老師下葬的第二天，上課鈴鐺聲卻從學校傳來。敲鈴的人不是胡老師，而是吃百家飯長大的孤兒「啞巴」。

啞巴搖鈴要小朋友來上課，年輕的胡老師卻說要下山回家，其實是不想教了。啞巴一著急，打了胡老師一頓，但胡老師還是離開了學校。

村主任問啞巴：「鈴鐺從哪來？」啞巴堅稱不是他偷的，是楊老師讓他拿的。最後村主任決定，在等待新老師來的期間，讓啞巴當一個月的搖鈴人，管學生上一個月的課。

老師要有多少學問才能保證教學成功？啞巴沒有一點學問也能當老師嗎？在許多特偏和極偏學校，不少老師沒有受過教育專業訓練，也不是頂尖大學或研究所畢業生，**但只靠決心一樣能把學生帶好，打動學生的心。就像電影裡的啞巴，誠心誠意為孩子努力，能感動孩子自動自發地學習。**

老師要學生知道人生的意義與使命，是成為有價值、於人有益、受人敬重的人。但平凡甚至失敗的學生，若沒有足夠的教育資源，就難以自我實現或脫離惡性循環。老師不必執著自己有多少輔導知能，只要付出熱心與能量，使學生不致「求助無門」，就是給他一份希望。

為什麼需要多些教育支持或資源？我讀大學修讀「教育哲學」課程時，

歐陽教老師說：

有三十個饅頭分給三十位學生，每人分一個是公平，但不一定都吃得下或有人還吃不飽。所以應依照學生的需求來分配，有人只吃半個就夠，有人得吃一個半才飽。給他所需的份量是公道，而公道比公平重要。

如果教學能「客製化」，依照學生的需求決定教學的份量，該有多好？

有一天早上，我與先生去咖啡廳吃早餐，為了控制食量，其實是為了管理體重，我請店長將一人份的套餐分成兩份，我與先生各半，她立即應允。於是大杯黑咖啡變成兩小杯，「帕尼尼」對半成兩份。我與先生都覺得份量恰好，吃得很歡喜，價錢也只花一半！

李家同 (2006) 曾撰文「法國菜單」，描述「姜老師」教學成功是因為他準備了三份考卷，甲種非常難，乙種中等，丙種非常容易。甲種考卷給程度高的同學，乙種考卷給中等程度的學生，程度不好的同學拿丙種考卷。

程度不好的同學每次考試都能拿至少六十分，對於這些同學來說六十分已經不容易了。過去他們的分數只有個位數，現在分數進步了，開始不再恐懼數學，上課會注意聽。通常到學期結束，丙種考卷不見了，因為學生進步了，姜老師只要準備兩種考卷。

台東教育局也曾實施「一學期教半本課本」的政策，結果頗為成功。教育要改變「以教師或教學進度為中心」的作法，馥茗恩師說：「教育本以學生為主體，老師只是輔助」。

提升學習動機與學習成就的多管道

有人反對十二年國教的理由之一是：「何必把不喜歡學習的學生，強迫留在學校多受三年酷刑？」最近我口試一篇碩士論文，該研究生擔任國中教職第二年，發現不少國中生厭惡學習，所以研究動機之一是「如何提昇學習興趣？」

學生缺乏學習動機，無求知慾、覺得壓力大，以致學習成就偏低。這不能只看表相與結果，要探索原因及尋求補救。依《學校訂定教師輔導與管教學生辦法注意事項》第十九條：

學生學業成就偏低，教師除予以成績考核外，應瞭解其學業成就偏低之原因（如是否因學習能力不佳、動機與興趣較低、學習方法無效、情緒管理或時間管理不佳、不良生活習慣或精神疾病干擾所致），並針對成因採取有效之輔導與管教方式（如各種鼓勵、口頭說理、口頭勸戒、通知監護權人或補救教學等）。但不得採取處罰措施。

前項之輔導無效時，教師認為應進一步輔導時，得以書面申請學校輔導處（室）處理，必要時並應尋求社政或輔導相關機構支援或協助。

學習低落的原因頗多，若為「情緒管理或時間管理不佳、不良生活習慣、精神疾病干擾」等，就超越科目的教學內容，不是老師一人所能解決，需要輔導室及家長幫忙。

若因「精神疾病干擾」，老師更須儘快「以書面申請學校輔導處（室）處理，必要時尋求社政或輔導相關機構支援或協助。」不可因非自己專業範圍，而擱置、忽略、拖延。

如何讓學生喜歡學習？關鍵在讓學生體會到「學習的價值」及「自我的價值」，教學就是「創造價值」的藝術，可行方法如下：

方法1：「指導吧」與「同儕合作學習」

美國頂峰預備特許高中 (Summit Preparatory Charter High School) 創辦人及校長黛安．塔文納 (Diane Tavenner) 曾問學生：「哪些學習資源，對於精通研究的知識領域最有幫助？」結果，強制性的老師講課被評為最後一名。當學生清楚可以選擇、不會受到任何處罰，上課的出席人數就下降了。直到只剩兩三個人，「老師講課」的效果才慢慢往上衝。因為出席的學生比從前更清楚老師講課的內容，不至於耐心坐著聽一堆不需要的東西，或陷入困境而沒有辦法學到東西。他們找尋到自己的位置，老師也能確實指導學生。

後來，頂峰學校將教學改成「指導吧」，也就是老師不上台講課，而提供學生諮詢。不僅諮詢的隊伍排得很長，同儕之間也會互相協助，變成同儕合作學習；目前加州及華盛頓有十一所頂峰預備特許學校。（劉嘉路譯，2020: 191–194）

方法2：「讓學生設計自己的課程」

二〇二一年九月，台大開了一門課名為「設計你的課程」；讓學生自主提案，可能成為校內正式學分。有三組學生參與實驗，其一的名稱為「鋼管舞文化與實作」。

未來的世界裡，學生需要解決問題及創新能力。為了讓學生成為教室的主角，二〇〇八年「台大創意創業學程」涵蓋創意、行銷、管理、設計、智財等五部分，參考美國麻省理工學院（MIT）、史丹佛大學等相關課程，由學生和不同科系同學組隊，擔任虛擬公司的不同要職，學習怎麼經營一家公司。

教改議題或教育政策似乎較關注菁英學生，如高等教育「五年五百億如何分配給頂尖大學？」十二年國教「如何為特色高中（昔日的明星高中）舉辦特色招生？」希望教育主政者也讓「平凡的學生」得到關注與投資，他們其實是「潛力股」。

方法3：讓課程更有趣、多元化及令人感動

課程的多元化不僅是指多媒體運用，也包括多種學習活動，例如：參訪與實地考察、專題演講或座談、心理測驗、課後作業、姊妹校交換生等。精心安排的課程可使學生期待、驚喜與感動，至少有事可做、閒不下來。課程設計要以學生為本位，給予「考驗」而不是「考試」，是「共同合作」而非「個別競賽」。從學生的生活經驗出發，較易引起學生共鳴。

教學不應侷限在課堂時間或教室內，也可在課後及教室、學校之外。願意額外辛苦的老師實在可敬可佩，例如台北市博愛國小教師張道榮在二〇一四年出版了《競爭力在窗外——校外教學，教會我47種能力》一書，將他十年來每個月帶學生一次的「校外教學」集結成冊。他有自信這些學生不怕麻煩，能適應交通工具的轉換，他們的世界比別人更豐富！

張老師小時候功課不是頂好，**深深體會幫助孩子在功課以外找到機會、創造自信的重要**。十年來帶領了百次以上的校外教學，獲得「第三屆全國創意遊學經營獎」優等獎。能夠每個月舉辦一次校外教學，張老師有三個祕訣：多溝通、低門檻、好紀律。他發現校外教學能打開學生的眼界，讓教室和真實生活連結，體會不同的相處模式和人際關係。

對張老師的學生來說，不能參加校外教學是種懲罰，若還能參加「進階版」校外教學，是莫大的獎勵。每學期張老師加開四次進階版校外教學，每次只有六個學生參加。入圍方式是：月考前六名、月考進步最多、月考前十二名，以及多元智能長才如：美勞作品得獎、象棋優勝、跳棋優勝、班上人緣最好等。

張老師如一位魔法師，讓教學充滿魔力；他最大的成就是看見孩子在校外教學找到自信。

方法4：建立自己或團隊的學習目標

每個人的資質與性情不同，所以學習方式與步調也不一。若強求學生都成為同一「樣板」，會打擊學習士氣。唯有從學生的個別特質著手，訂定專屬的學習目標，依照自己的速度與方法進行，才能使學生自動自發及持續學習。

不少學生不喜歡分組，因為總有不負責任的組員，拖累團隊進度與成果。相反的，這類組員通常較被動或沒信心，其實很需要學習夥伴的督促、學習楷模的示範，才有機會打破昔日錯誤的學習循環。

教師團結力量大

學生問題不只靠教學就能「完勝」，需「教訓輔三合一」的團隊合作。老師不僅要關注課業，也要觀察或由學生主動告知其他問題，儘快與相關學校行政團隊共同討論及行動。

學生問題不僅考驗老師能否「教不厭，誨不倦」，也驗證團隊合作的默契。教育是團隊工作，老師要先辨識學生的問題，再轉介或通報給校內外專家，運用集體力量共同解決，以免造成更大或無法挽回的傷害。

提摩西．沃克 (Timothy D. Walker) 原本在美國教書，後來去了芬蘭，他發現兩地教學的不同，芬蘭的學校同事非常重視彼此的連結，認為教學是一種合作關係，自己不是唯一為學生負責的人。包括班導師和其他校內專業人士——校長、護士、社工、心理師、特教老師，針對課堂上執教困難之處定期討論，稱之為「學生福利團隊」(student welfare team) 聚會。他在美國說（丁凡譯，2018: 96–98）：

> 許多教師覺得寂寞，是因為沒有與學校的其他專業人士產生連結及定期開會。

在我國也差不多，許多老師遭遇問題時常常不敢公開，怕被「貼標籤」為「有問題、不受歡迎」的老師，甚至是「不適任教師」。**如果教師自己都**

不能接受問題或挫敗，如何教導學生面對問題與處理挫敗？

以往遇到教學困難，老師除了獨力奮戰，頂多找較了解自己的老師求助。問題較嚴重時，如家長投訴、學生出事、已進入校內外調查程序，其他老師可能會「避嫌」而不敢涉入，結局更加悲慘。

跟芬蘭相比較，我國的中小學不一定設有心理師、社工師，恐怕無法組成「學生福利團隊」。大學的人力也一樣不足，而且心理師、社工師、特教師平日已非常忙碌，有沒有辦法協助一般老師解決教學困難呢？這也是教育主政者要思考及規劃之處。

但我國教育是否應改變觀念，除了表揚傑出教師，更應幫助一般老師及早提出教學難題。尤其問題較嚴重時，大家要以同理心來了解及共同承擔，不要推給一、兩位「出事的老師」。**大家都喜歡追隨成功者，但無論如何要為弱者及失敗者奮鬥。**

老師不僅「得英才而教之」，更要體會學生的痛苦，及時拯救他們，這就是「有教無類」。老師不能挑選學生，即使對有問題的學生，需要花費較多心力，還可能「吃力不討好」，也不能逃避或推開他們。

碰到嚴重的教學與輔導問題，老師要「先悲觀而後樂觀」。先設想最糟的狀況，再從谷底爬升。鼓勵自己迎接挑戰，即使看來「無解」，也要找出可做之處，多請教其他專家，設法恢復生機、去腐生新。

「教不厭，誨不倦」需要很高的教學技巧，更重要的是接納及不批判學生，也包括接納及不批判自己。對於狀況較糟的學生，要想「他已經在受苦啦！」要祝福他，使他不再繼續受苦，同時也能讓老師不再受苦。

教師能徹底解決學生的問題嗎？所謂「放下屠刀，立地成佛」、洗心革面、改頭換面、砍掉重練，「朝聞道，夕死可矣」，從這些成語可見，即使犯了嚴重的過錯，還可以悔改重來。老師要給學生及自己一個機會，因為法官就不一定能這麼做。

由「性相近，習相遠」、積習難改、習焉不察、「冰凍三尺非一日之寒」、「江山易改，本性難移」等成語看來，要改變一個人很難。至今大家仍在辯論「要不要廢除死刑」，就是覺得有人是「十惡不赦、無法教化」的。**但以教育信念來說，真有「天生的壞胚子」嗎？**

老師不是警察與法官，面對學生的學習、行為及心理問題，要耐心地破解。即使問題一籮筐或千瘡百孔，仍要「抽絲剝繭」加上「釜底抽薪」。大問題常因拖延所致，一定要儘快設立防火線、停損點，以免等到學生對自己失望、自卑、逃避，害怕面對別人的眼光，甚至不在乎自己及別人的生命時，就來不及了。

許多心理問題或學習成效不佳，就像蛀牙、肥胖、近視、焦慮症、憂鬱症等，是因為衛生習慣及心理教育不足的緣故。教育要均衡發展，以免造成上述病徵。協助學生解決困難，是對他們最好的關心。看到學生問題消除，就是老師最大的快樂。

有些學生大過不犯、小錯不斷，當他犯錯十次、百次，老師就得處理十次、百次。即使懷疑「能改變嗎？」還是要「知其不可而為之」。

在從前「能力分班」的時代，為了方便教學及提高升學率，會依學生的學業成績分為前後段班，造成「標籤效應」，使得「放牛班」學生被放棄，教育資源集中在前段班的不公平現象。

如今的教學觀則對不同的學習困難者採用不同的教學方式，尤其有困難或抗拒學習的學生，更需投入較多教學資源，包含人力，這才是真正的「教育平權」。

午安！
期待與同學的跨國交流！
這次課程邀請了德國的教授，在線上與同學分享喔！
老師好厲害！無國界教師！

5 教學的「變」與「不變」

翻轉、變通與核心

一個十二歲的女孩，依著網路影片學習「迴響貝斯舞」，八個月之內反覆觀看「幾百萬次」之後，跳得收放自如且有舞步的變化。女孩表示，透過不斷倒帶、重複「自學」，也可以學得很踏實。「網路是我們這個時代的工具，只要有熱情，沒什麼學不來。」她說。

我曾到台中的公共資訊圖書館演講，主管帶領我參觀館內的設施，指著一面牆正在播放太極拳的影片說：「許多人喜歡在這裡，隨著太極拳老師的動作學習，反反覆覆，不管練多少次都可以。」

資訊時代對教師的衝擊頗大，教學面臨「必須轉型」的壓力。新冠疫情爆發後，因為「停課不停學」，使每一位老師都得跟上「數位教學」或「資訊科技」的腳步。

科技萬能嗎？學生若不知道教學的題材與生活有什麼關係，依然會抗拒學習。要說服學生相信所學對自己有直接的影響，才會改變思考模式（林金源譯，2014: 187）。將傳統偏「人治」的教法轉為「E化」，就能達成教學目標，使德、智、體、群、美五育均衡發展嗎？

就像職場的綜合競爭力，除了專業技能、數位科技、外語能力等硬實力之外，還需要抗壓、可塑性、團隊合作、溝通協調、融會貫通、創新等軟實力。這些「非認知力」的訓練，可以完全經由網路教學達成嗎？

教學除了依靠數位科技，還要展現「教師的人格特質」，如：親和力、教育愛、同理心、耐心、援助弱者、「甘願做，歡喜受」的志工精神等。《優秀是教出來的》一書作者隆・克拉克 (Ron Clark) 的新著《人格特質最重要》（諶攸文、侯秀琴譯，2007），整理出老師需具備十一種人格特質，包括：熱情有勁、勇於冒險、創意不斷、自我觀照、面面俱到、為人著想、相信自己、有幽默感、做事講方法、懂得感恩、跌倒了爬起來。

從前常聽學校的校長、主任說「教師最重要的是人格特質」，總覺得籠統、抽象。現在漸漸明白，任教學科的專業知能、數位科技、外語能力再強，若沒有明顯的「教師人格特質」，仍無法勝任教學。人格特質兼具先天條件及後天涵養，無法自欺欺人。

教學法的「往昔」和「今日」

現代教學由傳統的講述、課本、師生面對面的交談，轉為電腦、網路、通訊等資訊科技的活用。其實「網路教學」、「遠距教學」並非全新的事物，從前已有「空中教學」——先錄製教學影片及廣播錄音，讓學生收看、收聽的「非同步教學」。

如今還包括「同步教學」——現場直播或線上互動，同時呈現視覺、聲音、文字、影像等教學媒體。老師要熟悉數位科技的使用，也要注重師生關係。為了與學生真實互動，所以有些老師會規定線上上課時：「需打開鏡頭，關閉畫面者視同缺席。」（黑糖，2021）

「關閉鏡頭」的確使師生之間疏離與冷漠，但學生未必接受老師的規定，因為他們已習慣虛擬互動，看著或聽著老師一個人講課即可，需要發問或回答時文字說明，並不需要與老師有眼神或表情交流。

所以有些老師的妥協方式是當，學生口頭報告或發問時再打開鏡頭，以便師生互動更加順暢，教學更生動多樣。但還是有些學生不肯「開鏡頭」，怎麼辦？對老師來說，學生不開視訊其實也有好處。老師看不到學生睡覺、滑手機、意興闌珊或不專心的樣子，不需要「班級管理」，相對的可以較專心於授課。對某些學生的好處則是，發言時可以不用擔心同學的眼光，較可暢所欲言。缺點則是老師不確定學生是否「真的」在上課，與實際的落差可能很大，因為老師發問時「台下」常一片寂靜。中小學生在家「線上學習」，家長要上班或兼顧其他事情，不見得能全程陪伴，因此不了解子女上課的真實狀況。悲觀的猜測，一定有學生邊上課邊分心做其他的事。樂觀的期待則是，學生仍能自我要求，達到「繳學費」的應有成果。

遠距或線上教學還是有不少優點，如：可放更多補充教材，沒有「教室」空間或形式的限制，可以隨時向學生傳達訊息。不局限於上課時間，師生或同學可隨時在線上互動。但線上課程也不僅關乎「科技」，如：硬體或容量、訊號穩定度、老師使用教學平台的能力。還包括學習環境營造、學習動機促發、師生互動、同儕學習、學習困難的診斷與補救等教學技巧的精進。

線上教學與實體教學終究是不同的情境，缺少「真實」的師生與同儕互動。若想複製實體課程的模式，勢必事倍功半，但網路也不可能完全取代實體教學，兩者需相輔相成，而非相互排斥或干擾。

以前的老師只要展現愛心與口才，學生就會全神貫注、笑容滿面、眼神晶亮。而今網路像「智庫」般有問必答、無所不能，老師的價值可能遭受質疑，而且比不上網路的吸引力及便利性。社會對老師的尊敬與感謝，會不會因此日漸消失？

然而老師應比虛擬世界更有優勢啊！透過老師的「觀察」，能看到學生的障礙和困擾；老師的「溫暖」，能消除學生的迷惑與痛苦；老師的「創意」，能帶領學生過關斬將、開發潛能；老師的「真誠」，能讓學生相信及發揮人性光輝。所以老師應更有自信，努力發揮「人格特質」的價值。

正如教育部公告「十二年國教課綱——核心素養導向的教學及評量」(2014) 所說：

老師要協助學生面對複雜多變的情境，靈活運用所學，主動積極及多元開放地理解現象或解決問題。

為使核心素養導向的教學靈活多變，教育部建議的原則與方法如下：

1. 不僅教知識，也教技能與情意：透過提問、討論、欣賞、展演、操作、情境體驗等，引導學生創造與省思，提供更多參與、互動及實踐的機會。

2. 不僅教結果，也重視學習歷程與方法：除了知識內容，更應強調學習歷程及方法，使學生喜歡並學會「如何學習」。

3. 不僅教抽象知識，更重視情境學習：主動與週遭人、事、物及環境互動，從中尋求關係、解決問題，將所學的內容轉化為實踐。

4. 不僅在學校學習，更落實於社會行動：促進多元情境或社會領域的有效參與，增進個人成功生活及健全社會發展的能力。

「翻轉教室」的緣起

「翻轉教室」(Flipped Classroom) 是將「課堂講課，回家作業」的教學流程，翻轉成「學生在家上網觀看課程影片，上課時再由老師指導作業、習題及引領討論」。

翻轉教室的最大推手是孟加拉裔的美國人薩爾曼．可汗（Salman Khan），他有麻省理工學院碩士及哈佛大學MBA學位，原本是基金分析管理師。二〇〇四年某一天，為了幫住在遠方的十二歲表妹解答數學難題，約好下班後用電話和Yahoo Doodle共寫軟體電腦進行教學。頭幾個月，他們幾乎天天上課，表妹不僅突破了數學困難，還超前班上進度。之後可汗陸續為其他十二個表兄弟姊妹遠距家教，愈來愈有口碑。

可汗的教學影片是在家中的衣物間錄製，沒有昂貴的器材，每段影片最長十五分鐘，只出現黑板說明，避免學生分散注意力。可汗還設計互動式練習題，追蹤學習的進度和進步。

可汗發現表妹遇到的問題其實很普遍，她是個好學生，老師交代的事都照做，但以目前的教育體系來說，若有一個簡單的概念沒弄懂，老師也沒辦法停下來幫忙。

可汗設計的軟體、影片、題目，讓學生可以自己練習，將「學習落差」補起來。影片把學習經驗個別化，讓學生有安全感。可重複觀看、練習，不擔心丟臉害羞或不敢發問。老師可透過電腦的個人學習數據資料庫，知道學生哪裡出問題。

二〇〇六年可汗成立非營利機構——可汗學院（Khan Academy），提供免費教學影片。網站開發了練習系統，記錄學習者每一個問題的完整練習。美國不少學校採用「回家看可汗學院影片，代替家庭作業」的方式，上課時再由老師或已經學會的學生教導其他同學。

可汗將網路科技、教育及夢想擴充到極限，讓任何地方的任何人都能得到免費的共享教育，每月有數百萬名學生上網使用，點亮弱勢孩童的未來。《時代》雜誌讚譽為二十一世紀新領導典範，可汗獲得二〇〇九年微軟教育獎，二〇一〇年再獲谷歌「十的一百次方計畫」教育項目的兩百萬美元資助。這一段努力及創造的過程，可汗統整為《可汗學院的教育奇蹟：兩億人的家教課，跟比爾．蓋茲的孩子一起學習》（王亦穹譯，2013）一書。

翻轉教室的創始人強納森．柏格曼（Jonathan Bergmann）提出「翻轉四T」：Thinking 思想、Training 訓練、Time 時間、Technology 科技。他

認為老師必須突破這四大要素，才能完成翻轉。翻轉教室前，老師的「思想」要先翻轉，接受翻轉「訓練」，學習適合學生的教學法。校方要給老師「時間」，避免行政業務壓縮到老師的備課。最後就是老師要學習「科技」，學會剪接影片、應用雲端。

柏格曼曾在二〇〇二年獲得總統傑出科學數學教學獎，但仍對教學感到挫折，因為不少學生較喜歡校外活動而缺課。二〇〇七年，柏格曼和同事艾倫想解決學生的缺課問題，決定錄製一段教學影片讓學生在家觀看，結果出乎意料的效果非常好，激勵許多老師也加入他們的行列。

翻轉教室的核心概念是：老師不再「高高在上」的傳授知識，而是引導學生思考。把教室的鑰匙交給學生，由學生主動學習、發問，老師與學生一起學習。

虛擬教師的貢獻

可汗學院從數學科的遠距教學開始，這是很多孩子的痛處，再逐漸擴及其他科目。可汗認為網路科技讓教育更靈活、個人化，網路傳送的便捷性及影片可重複利用，幫助更多學生按照自己的步調學習。學習工具改變了、學習機會開放了，教師不再是知識的主宰，「學習」不再以一致進度或既定目標進行，也不以書本為框架，「學會」成了學生的最高酬賞。

台北市教育局推動「酷課雲」，誠致教育基金會創辦「均一教育平台」，將可汗學院的練習題翻譯為中文，並增加本土教學影片，家長和老師都能參與。類似的資源還有免費線上開放式課程——「磨課師」(Massive Open Online Courses, MOOCs)，五至十分鐘的小單元影片，段落間配合即時線上討論與回饋、線上同儕合作學習與討論、虛擬線上實驗及線上練習與評量，可依自己的速度安排學習進度。

網路教學的資源還很多，如 TED 教育頻道。所以，老師也可以說：「網路是我們這個時代的工具，只要有熱情，沒有什麼教不來。」現有 Google Classroom 可以整合應用，影片放上 Youtube，影片連結放到協作平台，課程進度的控管讓學生到 Google 試算表填寫進度，作業則由學生上傳共用的雲端硬碟，課程利用 Google 文件共享給學生。各大學都設有

elearning平台，不少中小學也是如此。

教學影片觀看可在課堂上或課堂外，依「教育部中小學資訊教育白皮書」所說（2008–2011）：

> 均等的數位機會，可算是基本人權的一環。透過行政措施及教育的安排，活化學校資訊科技設備的運用，保障師生的基本資訊科技設施，普及資訊科技的運用，提供每位師生均等的數位使用機會，以落實資訊科技教育機會的公平與均等。

二〇二二年教育部推動「中小學數位學習精進方案」，使偏遠學校的學生載具比為一比一，非偏遠地區每六班補助配發一班，即使如此，還是有許多問題要考慮。我國目前的教學現場是「複式學習模式」，融合群體教學、個別學習、同儕互動。如果改為「一人一機」，老師的角色、學生作業與批改回饋、同儕互動，都是很大的挑戰（詹明勇，2022）。

「面對面」教學的獨特價值

新冠肺炎疫情嚴峻，致使師生無法「面對面」教學。如何加強師生及親師的溝通或電話交談，以彌補教學效果？老師何時該介入、何時要放手？如何衡量「自學」、「同儕學習」、「親子共學」的效果？學生不開鏡頭而看不到學生反應、不能及時與學生互動與指導時，該怎麼辦？其實線上教學也有許多問題需要克服，教學效果並非一定超越實體教學。

隨著教學科技的進步，從前聯考作文題目——假如教室像電影院，而今早已實現，並朝著虛擬實境、電子遊戲等方向推進。教師的角色面臨巨大挑戰，有時不免擔心會否被「人工智慧」所取代？

教學不轉型，老師會出局嗎？轉型等於「E化」嗎？其實，阻礙或不利教學的因素不僅在教學科技的運用，教學效果的高低不完全取決於教學硬體設備，其他原因還有：班級規範、班級人數、學生及家長的背景、老師期望、師生關係、世代差異、特殊學生、班級經營、親師溝通等。

以大學來說，上課要不要點名？要不要訂班規？如何吸引學生投入學習？如何引導及提升學生作業的水準？對於特教生、行為偏差或心理狀況不佳的學生，如何有效互動，才能不影響整體又兼顧個別學習需求？

大學老師的學識背景較缺乏教育與輔導知能，更少親師聯繫的技巧。但現今已屬普及教育的高等學府，是教育及學校主政者應注意及加強的地方。不少大學調整作法，邀請家長到校參觀、認識導師，甚至辦理親職成長課程，親師共同輔導學生。

中小學教師修過「班級經營」、「教學原理」、「輔導原理」、「特殊教育」等教育學分，但還需在職進修與教學研究，隨時改變課程設計，讓學生有更多參與及真實情境的學習。

為了提升「教學技術」，中小學還有「觀課」一環，包含事後的教學檢討。教學改進除了靠自我覺察及學生建議外，也有賴校長、主任、教學專家或教師同儕提醒與協助，這不是侵犯「教學自由」或「教學自主權」，如馥茗恩師所說：

> 校長與教務主任在教室外巡視，一方面了解教師的教學狀況，一

方面觀察學生上課的情形。……缺少這兩種了解，如同缺少了靈魂作用，老師不再能接受指導或改進的意見。

老師要「重視」不喜歡上課學生透漏的「訊息」，調整上課方式以吸引他們。喜歡學習的關鍵，在於使學生體會到「學習價值與成就感」，良好的規範、評分比例、作業或報告形式、考試範圍等，有助於學習產生豐碩的收穫。

虛擬教師與實體教學的合作

傳統教學大多是「老師講、學生聽」的單向式溝通，造成的障礙頗多，如：老師講得太快或太多，學生聽不懂卻無法及時發問與吸收。知識過於單一，使學生沒興趣也得被迫聽講。為何是「單向溝通」？除了老師的高權威及壓制外，有不少學生害怕發問或擔心問了被嘲笑。最糟的是，學生不知道問什麼或要學什麼。

數位世界改變了教學方式，但也有許多疑慮，如：只觀看片段、簡短的影片，可以學得扎實嗎？例如跟著太極拳影片練習，就能學會太極拳嗎？有些老師也擔心**網路或線上教學使人際交流大幅減少，妨礙師生互動與同儕關係**。文化大學景觀系教授郭瓊瑩(2021)說：

> 當實體教學場域頓成虛擬校園後，是否對學校、老師有認同感？隔著螢幕的交流有障礙否？

實踐大學建築設計系的教授李清志(2021)認為，遠距教學可以傳授知識，但無法取代師生及同儕溝通，希望線上教學只是疫情期間不得已的方式，否則：

> 教師原本傳道、授業、解惑的天職，只剩下知識傳授，那麼教育體制崩壞的日子，將很快臨到。

「影片教學」不是全新的教學形式，我國早有「空中教學」系統，在電視上播放教學影片讓學生「個別化」觀看。大學也早有「遠距教學」，由教師錄製影片讓學生上網觀看及線上交作業、發問、討論等。

「翻轉教室」之後，**老師也要跟著調整與轉換角色，從知識的傳遞者變成教學製作人及主持人**。要設計、規劃教學活動，刺激學生思考、與學生對話、誘發討論等，扮演指導者或觀察員。

「翻轉學習」是課堂時間的改變與擴充，更有個別化加強與補救教學的機會，但不是要消滅實體教學，更不能刪減師生與同儕間的互動。

翻轉教室不是用影片取代老師，是讓學生在個人學習時空內觀看影片，依自己的步調練習。剛開始老師要花很多時間重新安排課程，例如錄製影片或蒐集相關影片。講解試題答案的部分，也可以錄製影片，對學習弱勢學生尤有幫助，可不用再花錢上補習班或買教材。課程進度依照自己的速度掌握，老師就像個人的家教。

要有好的教學功力及內容，才能拍出好的教學影片。補習班早已採取影片教學法，讓缺課或想熟練的學生反覆觀看。影片教學不僅適用知識或技能學科，也能達成情意目標。不是所有老師都有能力錄製好影片，拍攝部分需要教育主政者或民間團體幫忙，老師可先由選擇適當影片開始。

教學影片或網路影片是很好的「教具」或「輔助教材」，但關鍵仍在老師的引導與師生共同討論。**老師運用網路科技提升教學效果，當中要融入愛心、關心、良心及「人生智慧」。這些屬於人的「溫度」，永遠不會被「人工智慧」替代。**

好老師不是天生的

肯・貝恩（Ken Bain）撰寫《如何訂做一個好老師》（傅士哲譯，2005）一書之後，又寫了《如何訂做一個好學生》，他指出「優秀學生」的特質是（周念縈譯，2014: 29）：

> 了解到沒有什麼事情是容易的，成長需要認真的工作。具有截然不同的態度，這些人總是堅持更久，不輕言放棄。

一般學生難免有慣性與惰性，對於困難科目會以「我不擅長」來逃脫，但優秀學生則說「我還沒有學會」，繼續一點一滴地突破。

教師處理學習問題要難易交替，別把自己與學生逼得太緊。當學生對老師的主張或教學方式表達不贊同時，儘管措辭不當，也要予以接納。以免學生隱藏真實感受與想法，使老師永遠不知道事實與真相。學生為了追求真理而與老師爭辯時，若老師生氣了，就會毀了師生關係，實在可惜。

我曾被學生批評「教學內容淺顯」、「上課像聊天」，因為我常分享實際的經驗給學生聽，雖然自覺很重要，應讓學生提前學習，而不必犯相同的錯誤，但這些經驗其實與學生的生活世界相距太遠，學生難有領悟。如果他們無法感受、吸收，自然無法類推、應用。我的一番好意不能收到教學效果，也算是「無效的教學」。

與其如此，不如先講一些理論與研究，讓他們消化吸收、與實際相印證。等用得上的時候，自然有所體悟。老師傳遞人生經驗是種較輕鬆的教學切入，但說多了，學生可能誤解老師為「沒學問」、「什麼都沒教」，這也是「無效的教學」。

冷靜想想，學生也沒錯，需要「轉化」的人是我。老師為了使學生「充分學習」，應依學生生活背景及需求來交付任務，親身「體驗」後覺得有所欠缺，才會真正想上課。

上課時，不論學生提出什麼問題或意見，都要給予肯定，使同學不怕公開發表，誠實地面對自己，學著向人「自我揭露」，並聆聽別人的經驗與建議。

如今還有「起立，敬禮，坐下」的上課儀式嗎？就算不用對老師行禮，見到老師還是需要一番敬意。如何成為受尊敬的老師呢？教者、人師、經師三者的差別為何？馥茗恩師說：

經師只是「教書」，到了末流就變成「咬文嚼字」。教者只「教文字」，講得很多效果卻不好；按今日不適任教師的情況之一就是「教學不力」。

人師則不只教「義理」，更兼教「為人」。

教者的「教學不力」如下：

教書時只知道「皮毛」。

講解時翻來覆去、囉哩囉唆。

只管往前進，只按「進度」教；不管學生能不能接受，不能按「程度」教。

教學時不夠誠心誠意，只求教完卻不關心學生學到多少。

「教者」型的老師使學生學不好，學生也會討厭老師。覺得學習很難，不知道學了有什麼好處，課後馬上就忘了，這就是教學不成功。如《禮記．學記》所說：「發然後禁，則捍格而不勝；時過然後學，則勤苦而難成；雜施而不孫，則壞亂而不修；獨學而無友，則孤陋而寡聞；燕朋逆其師；燕辟廢其學。此六者，教之所由廢也。」

1. 發然後禁：當學生感覺到學習困難，老師才想辦法，這時已經太晚了。

2. 時過然後學：學生沒有學習動機了，老師還在按照進度教學。
3. 雜施：教學沒有章法、原則，學生學得雜亂無章。
4. 獨學：學生只管自己，不與同學互動，老師也沒有安排同儕觀摩或合作。
5. 燕朋：學生結交到不好的朋友，違背師長的教誨。
6. 燕辟：學生養成不好的習慣，荒廢了學業。

正確有效的教學方法如《禮記．學記》所說：「大學之法，禁於未發之謂豫，當其可之謂時，不陵節而施之謂孫，相觀而善之謂摩。此四者，教之所由興也。」

1. 預備：在學生還沒有學習困難前就提醒他，讓他有準備、減少挫折。
2. 時機：老師能隨機教學，發現學生有學習興趣、需要、動機的時候，就趕緊教學。
3. 循序漸進：不要愈教愈難，而要按照「教材難易順序」及「學生的程度」而教。
4. 觀摩：讓學生互相觀摩，多看看其他同學比自己表現好的地方。

最佳的教學有三，如《禮記．學記》所說：「道而弗牽，強而弗抑，開而弗達。道而弗牽則和，強而弗抑則易，開而弗達則思；和易以思，可謂善喻矣。」

1. 引導而不強迫：老師要用「啟發」而非「注入」，要有豐富的知識和經驗，才有足夠的材料引起學習動機與興趣。不強拉著學生走，讓學生在溫和的狀況下自然學習。

2. 鼓勵而不壓制：避免批評、責難學生，不要壓抑及貶抑學生。要多鼓勵，不讓學生覺得自己不行，設法使學生感覺學習是件容易的事。

3. 說明、解釋但不說到底：只要大綱式指導學生思考的方向，讓學生自行思考、領會，不要說得太詳盡或立即給予標準答案。

善於教學的老師使學生有決心及意志，能自動自發地學習、自行克服學習困難。老師的教學簡單明瞭、含蓄允當，舉例不多就能說得明白。（《禮記．學記》：「教也者，長善而救其失者也。善歌者，使人繼其聲；善教者，使人繼其志。其言也約而達，微而臧，罕譬而喻，可謂繼志矣。」）

好老師能看出學生求學方式的缺點，包括：貪多而不精、學一些就覺得都懂了、以為學習很容易而不用心、學了一點點就不想再深入。「經師易求，人師難得。」（《周書．列傳．卷四十五》）教知識的老師易得，但教做人且以身作則的老師，就很難得。

「記問之學，不足以為人師。」（《禮記．學記》）只把自己知道的知識講了，不足以為人師。應先聽聽學生怎麼說、怎麼問，然後才解釋、回答。如果學生不問，就要教他如何發問；如果說了還不懂，就不要再教下去，這也是「因材施教」。否則學生聽不懂，再怎麼逼迫也沒用。

好老師等待學生提問就像敲鐘，敲得輕就小聲回應，敲得用力就大聲回應。要針對問題的難易來回答，等學生領會了，就能從容不迫地學習。好老師能循序漸進，帶領學生逐漸深入。

好老師教導學習的方法，幫助學生掌握學習的訣竅。好老師教起來容易，學生卻收穫更多。反之，若學習方法或技能不足，老師教得很累，學生仍一知半解且感到痛苦，之後只會埋怨老師。教學「事倍功半」，師生雙方都「未蒙其利，先受其害」。

第三篇

「珍愛」學生

希望在黑夜的盡處

我剛成為大一新鮮人時，「斗膽」地跑去學校課外活動組，報名參加「大專盃校際演講比賽」。當年這麼做，是因為台師大的公費未發放，「民以食為天」，我實在急需金援。第一到三名的獎金分別為三千、兩千、一千元，當年師範生的公費為每月八百元。

課外組張主任善意地勸退，因為此類比賽通常由校方指派高手參加，但我執意不退，主任只好幫我找了一位很棒的學姊——酈如丘來指導我參賽。

已是行家的酈學姊，非但沒嫌棄我不擅演講，還「因材施教」的引導我，要我以最自在的方式，表現自然、真實的一面。

她教我寫演講稿，口吻不可過於成熟、好像偉人附身，要故事化、生活化才能吸引人。想打動別人，首要感動自己。練演講最辛苦的地方，不在於音調及手勢，而是寫一篇讓自己與別人感動的稿子。

結局是美好的，我獲得了第三名及一千元獎金，第一、二名都是大三的學長姐喔！我才大一呢！之後的大學生涯，我總共代表母校參加校際演講及辯論比賽十餘次，每一次都有獲獎！因此在大學畢業時我獲得「師大傑出學生獎」，各學院一名，我是教育學院的代表。

若不是課外組張主任、酈如丘學姊以及師大語言研究社學長姊及社員的指導與鼓勵，靠我一個人的努力，難以突破或大躍進(big leap)。天底下沒有「不勞而獲」的事，只是一股傻勁、埋頭去做，若方法不對也會白費時間及力氣。如果擁有好老師，「手把手」地傳遞方法及技巧，必能「有效學習」。

你可能因為家庭及課業壓力
走不出來，所以非常難過。
就把我當成人生的前輩，
一起聊聊吧！
老師年輕的時候遇到挫折，
也會做一些荒唐的事嗎？

1 教學是「生命」、「花園」、「奇蹟」

帶出學生好的一面

老師要讓學生上課投入，自己得先有相當程度的感動。教學的喜悅，來自看到學生的需要，知道自己能為他們做什麼。

以我來說，為了教學成功，會先設想學生「可能的學習困難」及「對老師的期待與不滿」，愈悲觀愈好，再想出解決的方法。還好結果不那麼悽慘，大都能漸入佳境。如果學生的困難或不滿沒有想像得多，或幸運地能及早化解，我就會認為「情況還不錯」。

教學要注重邏輯順序，不可凌亂、跳躍、反覆。教學成果不單是表面的成績，更是學生深層的改變。面對學習狀況不佳時，不要批判、生氣、怨嘆，而要使用可努力的途徑，使課程煥然一新，讓自己及學生都能「改變」及「感動」。

什麼是感動？修過我「心理學」課程的學生說：

看到不少同學在課堂上敢於公開自己得了憂鬱症，讓我十分佩服。因為傳統上常將罹患精神疾病者歸為「異類」，就像電視劇《我們與惡的距離》。幸好這齣劇播出後，許多人開始正視這個議題，重新探討犯罪的原因。

自己以前也從單一角度看，覺得殺人者都得判死。上過「心理學」之後，發現憂鬱症、躁鬱症其實離我們並不遠，甚至是「一線之隔」。大家都有情緒低落的時候，負面情緒也很正常，只看你如何轉換。如果控制不好，就可能傷害自己與別人。

教室是創造奇蹟的地方

學生不想聽課，能責怪他不知進取嗎？如果因特殊障礙或身心疾病所影響，老師就該加強特殊教育、心理輔導的知能，或多請教其他同事，加強自己的備課。

以前遇到學生不認真，我多半先責怪學生，對自己的兒女也是如此，給他們很大的壓力！為什麼這樣？因為自己的成長過程中，總是「自動自發」及「懂事」，身為長女要幫忙單親爸爸照顧弟妹，不由自主地也以這樣的標準來要求學生及兒女，認為不需要提醒就該知道自己要做什麼。但其實他們並不能理解我的用意，在家裡我的長子挨罵最多。我不能「同理」學生、兒女的努力及痛苦，以致**師生關係及母子關係均欠佳**。

我希望學生自動自發，卻未「搭橋鋪路」幫助他們轉變。當我透露不滿與批評時，學生就產生反抗心理，更不願接受我的「好意」。學生除了更加憤怒及叛逆外，也不信任、不喜歡我。

學習的價值不是由老師「說了算」，要從學生的內在誘發。船越準藏在《教師這可怕的工作》一書中，提到教師若只為教授知識技術，學校很快會成為效率最低的地方。如果不是要培養「學習的價值」，就不能稱為教育。書中指出（楊守全譯，2009: 175）：

> 對以教育為職業的教師來說，教學就是生命。如果孩子們不願意聽，教師就做不下去。

老師覺得「教學是不得不做的事」，學生難免跟著討厭上課。老師若能體會學生的學習困難及壓力，教室就會變成創造奇蹟的地方。老師要使學生恢復自信，才會喜歡上課。尤其是特教的學生，容易遭到霸凌、誤解而成為不受歡迎、不斷犯錯的孩子。若能得到老師的賞識與支持，就有重生及綻放光芒的機會。

例如《翻轉過動人生——從中輟生到哈佛博士的重生之旅》一書作者陶德．羅斯（Todd Rose），他從小經常闖禍，同學都躲著他，父母也備受批評。十三歲時他被診斷為過動兒，十八歲時高中輟學，但十六年之後卻能成為哈佛教育研究所的研究員。他的命運是如何扭轉的？陶德說是因為一九七〇年代以後，聯邦立法讓身心障礙學生也能接受主流教育，一九九〇年正式通過為「身心障礙者教育法案」。對特教生的保障是（江坤山譯，2014: 70）：

所有學生都擁有在盡可能「最不受限制的環境」中，接受「免費、適當」教育的權利。

這法案讓一般老師有機會接受特殊教育的訓練，為特教孩子提供經費聘請私人教師、延長考試時間。但陶德的學習過程仍舊悲慘，因為傳統觀念使過動兒非常不受歡迎，幸好陶德的母親作法不同，她不讓陶德被攻擊。他的母親不覺得體罰是個好策略，這也發陶德父母的諸多爭吵，爸爸指責她寵溺陶德，但母親努力上教養課程，找任何有關學習差異的書來看，更堅定主張陶德需要更多鼓勵。（江坤山譯，2014: 72）

然而，陶德還是對媽媽隱匿了許多自己「被霸凌」的遭遇，因為她也幫不上忙。陶德發現（江坤山譯，2014: 187–188）：

> 成長過程中，贏得其他大人的敬重，對一個人來說，是非常關鍵的事。

陶德發現在課後體育活動、俱樂部或暑期實習，都有機會找到年紀較大的孩子或成人成為楷模。讀大學時，阿巴克爾教授是陶德的模範。教授以全新的眼光看待陶德，覺得他會成功。在人生的轉捩點上，那正是陶德最需要的。

老師的使命是帶出學生好的一面，但諸多因素讓學生無法發揮天賦，造成假性失能。所以老師要用欣賞的眼光看待學生，相信他會成功。所以每到期末看到學生的課程心得，我的感慨就特別深，為什麼那麼晚才看到他們優秀的一面？

讓學生開心、安心地學習！

如果沒有和學生個別交談，就可能失去了解及幫助他們的機會。有位學生說：

今年我很不順利，發生好多不快樂的事，導致我很疲憊。但每次看老師都能很開心，不僅課堂上，就連課後我都能感受到老師的關心！

我有重鬱症，選修心理學是想多了解自己，收穫卻比想像得多！我知道世界上有許多有同理心的人，或跟我一樣在泥濘裡掙扎的人，我並不孤單。

您說希望我們能在課堂上有一點改變，只要能開始自我覺察，就是向前邁進一大步。開學時，身心科給我的藥量是最強的，現在醫生說已經可以慢慢減藥了。

我發現這堂課好像戒毒團體，大家輪流上台鼓起勇氣開口分享自己的內心深處。老師就是一種媒介，讓大家了解好與不好都是正常的。

但我的家人就認為我在裝病，不想上課才演這齣戲。我焦慮的時候就自殘，但一點都不痛，只是讓空虛的我轉移注意，不是真的渴望死掉，而是需要別人的支持。

修這堂課之後才知道，很多人都有痛苦，我只是換個方式發洩。我從小就知道自己跟別人不一樣，很渴望得到認同，每天都假裝正常。

學生的問題不論多嚴重，甚至看來「無可救藥」，老師只要肯付出時間、心力，都有機會破解，如學生所說：

醫生說媽媽是大腸癌末期時，我的高中生活整個毀了，從此開始在醫院陪媽媽及準備學測的日子。我希望媽媽高興一點，不被治療打敗，但她最後仍不敵病魔摧殘而撒手人寰。我沒有心思讀書，彷彿一切都無所謂了。

直到上了心理學這堂課，我發現世上有許多人比我更苦，他們還掙扎求生，我怎能提前放棄？聽到同學罹患思覺失調症、憂鬱症、躁鬱症，讓我意識到有人「真的」需要這門課的幫助。

本來有不少同學上課滑手機，神奇的是，大家漸漸開始用心討論與發表內心的感受，就像是一場告解大會，大家都被感化了。

傳統的授課制度對師生相處相當不利，每節課有固定時間及進度，少數學生跟不上、對學習沒興趣、學習有疑惑或想多學習、生活或生涯有困擾時，老師不一定幫得上忙。若要幫忙，就得利用課餘甚至放學時間，有些老師不免掙扎「要不要加班？」

不同的學生問題，需要的時間也不一樣。有些只要十分鐘，有些得三十分鐘、一兩個小時甚至更多。中學以下可以依靠導師或信任的老師，以及輔導室專任輔導老師、心理師等幫忙。**大學則由教授安排「Office hour」，課後到教授研究室討論課業或生活難題**。但兼任教授沒有研究室，怎麼辦？有些大學設有教師休息室，有些則在教室外走廊擺上溫馨的沙發座，或利用校內外的連鎖咖啡廳，都是「師生談話區」的變通之道。

我讀國中時，因考試不及格而害怕數學。教數學的導師願意額外花時間免費教我，使我的數學成績從不及格到九十分，從逃避、退縮到喜愛及充滿自信。

讓每位學生都幸福

電影推薦

二〇二一年的日本電影《讓學生人生重生的學校》，由黑川翔子的報導文學改編。描述一所被稱為底層學校的縣立高中，一年內多達四十名學生輟學、不想或不能升學。兩位新老師進入這個與一般常規截然不同的學校後，內心產生諸多衝突，最終能與學生共同成長。

這所學校的學生大部分有家庭問題，如貧困、需要打工與照顧家人、沒有得到父母的關愛、家暴，還有個人的行為問題，如染髮、抽菸、上課不聽講、懷孕、惡整老師。

這些學生沒有別的學校可去，所以這所學校唯一的校規就是「穿制服來學校」以及「明天也來學校」。**老師要做的就是支持學生、貼近學生的心、有技巧的主動關心，以及絕不放棄學生。**

這兩位年輕的新進老師愈來愈了解學生之後，也愈能理解學生為何如此，更發現學生有很多優點。為了挽救學生，除了靠學校的教師團隊，也要設法引進外部資源，才能讓學生吃飽及安心讀書，日後有機會就業或升學。

校內的老師勤與學生個別談話及大力鼓勵，比學生更認真地幫忙尋找達成學生夢想及升學之路。到處奔走尋求業界的接納，多給學生實習或打工的機會。

弱勢孩子不能拒絕出生的家庭，如中低收入戶、單親父母。所以社會更應給他們一份希望，一個可以嘗試夢想、改變人生的機會。

最後，大多數學生雖然不升學、無法考上名校，但都能以一技之長擁有一份符合自己能力及興趣的職業。老師以在此任教為榮，為學生的成功感到真心喜悅。

上述故事於我也有類似的經驗，我也曾想幫學生完成夢想，但並非每個人都接受我的好意，甚至會誤解及排斥我。某位大學副校長勉勵我：

畢業多年的學生，還在提您的課對他工作上的幫助。所以您不必急，學生總有一天會發現您的教導對他們造成氣質上的改變。

老師在學生心目中如果只剩「工具價值」，解套的方法是創造新價值。

如果學生與家長變成了「買家」，解套的方法是了解及滿足學生的需求。例如：喜歡看體育競賽，與實際投入或決定自己的未來並不相關。有些學生選錯了科系，因此躲入電腦遊戲中。這時老師的「解惑」——與學生討論生涯方向，就是教師的新價值，可使學生有機會「重生」。我的學生說：

某次上課前，在走廊上看到淑俐老師和學生一樣席地而坐，一起聊天，我默默站在旁邊聽。或許有人覺得這只是一堂通識課，但對我來說不是。

如果幾個月前你問我「你覺得這堂課是什麼？」我可能回答「是好過的一堂課」，但現在我會告訴你「這是一堂可能找到人生方向、改變人生的課。」

一位老師可以改變一個班級，一位校長可以帶領全校老師改變更多學生。例如李枝桃校長初任校長時，分發到一間所謂「不入流」的學校，但她只有一個想法，就是印證「不論學校如何，都可以把孩子教好」的信念。李校長不僅改變了學生，創造了驚人的成績，包括課業、競賽、品德；更把全校師生打造成一家人與自己人，她的全力以赴，讓學生表現超乎預期的「卓越」。她說（李枝桃，2014: 59）：

一二流的學生教成一二流有什麼了不起，我們把不入流的學生教成一二流，那才是真本事。

教學多年，我仍覺得每一學期的教學，都是一趟驚險刺激的旅程，不知會遇到怎樣的學生，擔心自己的教學不能幫助學生。但每學期課程結束時，自己從未失望，學生的回饋讓我再度充滿鬥志，歡喜地迎接下學期。以下分享下列幾則學生的正向回饋：

雖然已經大四，但這堂課的上課方式是我覺得最符合大學課程的樣子。老師起個頭，丟一個問題讓我們思考、討論及分享。藉由不同的想法，激盪出不一樣的結論，發現到自己沒想過的地方。

這一堂課裡，我學到「尋求協助」，我不知道人生還存在這個選項，別人會幫我嗎？之前當我情緒低潮時，都是自己度過。

雖然已經復學了，每一天我仍然從早睡到晚，但還是好累。我不知道人生是什麼？我找不到任何意義。現在我很珍惜上心理學課程的每一次，每當您說「下課」，我的心都好掙扎，多希望可以上久一點。

這堂課讓我知道人生該如何走下去，遇到問題該如何尋求協助，聽自己的心在訴說什麼，遇到負面情緒該如何與自己對話。這堂課所學到的一切，一定會跟著我一輩子。

曾有同學在台上哽咽，讓我感受到大家真的非常信任老師以及這門課的同學們。就像老師說的，大家雖不熟識，但都是溫柔的人，所以可以放心地分享自己的故事。這堂課給我帶來很大的信心和勇氣。

上完情愛溝通課程，我鼓起勇氣給男友一封分手信，謝謝老師讓我明白，一段感情「做自己」、「愛自己」的重要。我決定離開他，振作起來過好自己的生活，不再委屈求全。

我的學生說最喜歡課堂的「上台發表」，可以聽到許多同學分享自己的故事，很能產生共鳴。也因此能對身邊的人能發揮同理心，更清楚及幫助別人滿足需求。例如A同學從傷心到復原的故事：

得知考上醫學系的剎那，我真的非常快樂。上大學後玩社團、遇見初戀，時間幾乎都放在女友身上，同時也是營隊幹部。不料辦營隊活動時被學長罵，女友也無預警地把我甩了。全心經營的一切轉眼成空，只剩下痛苦的自己。

我的病況加劇極快，光是抗憂鬱藥就吃了八個月，中間一度覺得無效而不再服藥，但又沒勇氣赴死，只好不停自我傷害。所有尖銳物品都被家人收起，我就用拳頭捶打大腿或直接用頭撞牆，也暴瘦了十幾公斤。

終於決定休學，徹底遠離傷心地。去應徵服務業的全職工讀生，每天忙得像陀螺，沒有心力胡思亂想。憂鬱症發作頻率減緩，最後終於斷藥，也成功復學。

老師要保持「神祕感」嗎？若想建立師生的信任關係，就要適度地「自我揭露」，說說自己的故事與某些感受，包括：婚姻與小孩、喜歡的電影、愛看的書。學生聽了，或許願意也「交換」自己的故事與感受。

我曾擔任心理輔導人員，所以重視和學生的個別談話。即使談話所花的時間比上課多，有時還需請他們吃飯或讓學生到家裡談談，我仍很樂意這麼做。

成長過程中，我的單親爸爸很重視「親子談心」，能巧妙運用各種技巧增進親子間的深度交流，如：一起散步、運動、到路邊攤吃陽春麵、包水餃、寫家書等，弭補我們自小失去母親及物質困乏的苦悶。

我就讀的國中位於偏鄉，雖然升學率低，但老師們都非常關懷學生，願意額外付出時間心力與同學談話，甚至在課後及寒暑假免費指導我們課業。

我常主動找學生談話，有時「一撒網就捕到大魚」，遇到問題很嚴重的學生。即使是「隨機取樣」，也常發現「表面正常」其實「隱藏或累積大問題」的學生。感謝學生願意敞開心胸，向我訴說壓抑多年「比悲傷還悲傷的故事」，但也令人憂心，**這麼多學生需要關心與指引，我個人的力量恐怕不夠，甚至來不及。**

有些學生很好奇，為什麼不少同學課後會留下來與我談話？後來他們也「自投羅網」，並告訴我：

學期剛開始，我就看到許多同學課後繞著老師。後來當我遇到困難或課堂上有疑惑時，也會加入和老師討論的行列。

每次我提出想法，老師都先靜靜地聽我說，然後婉轉說出自己的想法，那些話恰好是我沒有想到的。

以往我與朋友互動，聽到一半若發現與自己想法不同，總會立即打斷。能聽完對方說話，其實很難。但老師總很有耐心地聽完，在說出建議時也很委婉，不會用強硬的字眼造成別人不舒服。

二〇二〇年起因新冠疫情而「線上教學」，阻擋了許多師生促膝長談的機會，實在可惜。但這也是疫情之後，教育當局及老師要特別關心與加強的事，不僅是學生課業落後的補救，更包括學生的心理健康及師生關係的重建。

教師的紓壓與甦醒

現代老師工作的困難度增加許多，因為：

快速的社會變遷與應變（包括：網路、疫情、經濟發展）。

學生的身心狀態及家庭問題。

老師的情緒與言語掌控。

校內外有形、無形的教學競爭。
校方及家長的績效要求。
教學的變化（幽默、事半功倍）及科技化。
學生放棄學習及缺乏動力。

若老師感到厭倦、疲憊、灰心、沮喪、生氣，該如何紓壓與冷靜？面對自暴自棄、自命不凡、憤世忌俗的學生，該如何鼓勵或說服？怎麼激發自己的教學熱情？如何協助學生面對挫敗？學生設定目標後執行力薄弱，該如何引導其前進？

教學的基本功是讓學生好好上課，包括營造安心的學習環境。不少老師無法維持班級秩序，對於學生「沒大沒小」的態度感到困擾。有時不免懷疑自己是「濫好人」，為何學生不但不聽課，甚至反抗老師？若老師表現出退縮、羞愧、沮喪、軟弱的樣子，情況只會更糟。但老師以強迫、命令、高壓來主導，效果可能只是表面化而無法持久。

「佛系」老師可能因「無原則」而管不動學生，但嚴厲型的老師雖能使上課順暢，卻因缺乏同理心而傷了學生的創造力與主動性。

教學多年來，我仍常感到教學壓力，有放不下的教學焦慮。一個偶然的機緣，我觀賞了一場「達利藝術」畫展，主題為「心路歷程」，竟有意外的收穫。

在展區裡，畫家主動前來向我介紹畫作。他要我在全場作品中，挑一幅自己最喜歡的。後來我在兩幅中選了一幅叫做「甦醒」的畫，其實我原本沒有看到畫名，因畫作旁的名牌很小。畫家說：

從這幅畫中可以看出，你曾有很多壓力，籠罩在厚重的烏雲中。但如今，經過你的努力以及至少兩位貴人相助，一位貴人明顯，一位較隱藏，你的壓力已經漸漸散去了。

畫家再說：

你現在已經篤定了，知道自己該做什麼。所以，放心大膽地去做，不要再猶豫了！要朝著好的方向去想，把自己過好。

我心裡懷疑：「畫家對每個人都這麼說吧！」不料，他彷彿聽到我的心聲，接著說：「每幅畫都依個人的狀況而有不同的解釋。」我不得不佩服他的「神準」，他點出了我嚮往的「心路歷程」。至於我曾想要選的另一幅畫，畫家說：

如果選了，你的命運就截然不同。那幅畫的意思是「自我感覺良好」，也就是說你還處在自我陶醉當中，不覺得自己有問題，自然不會去解決問題，結果……。

啊！這的確是我最害怕的事，怕自己走不出「舒適圈」，看不到自己的「盲點」。

《商業周刊》的創辦人金惟純認為，在變動的時代，領導人不管發生什麼事、遇到什麼人，覺得過不去時，就回頭看看自己怎麼了。他說（單小懿，2020）：

領導人的關鍵任務是先把自己活好，大家想跟你在一起，也想成為你。

如果上位者的生命狀態不對，別人就不想跟你在一起，組織運作就要靠一大堆方法、獎懲去處理。金惟純強調「活得好」的第一步需要「覺察」，就是跳出條條框框，如實的去看事情。人生最終的成敗，取決於自己是否了解自己。一個了解自己的人，會知道怎麼發揮自己的優點、避開自己的缺點。

書籍推薦

陶德．威塔克及安妮特．布諾（Todd Whitaker, Annette Breaux）合著《優秀老師這樣做：輕鬆應付課堂挑戰50招》一書說，問問某位優秀老師「日子過得如何？」你會發現無論他的真實生活境遇如何，他總是帶著微笑說：「好極了！那你今天過的好嗎？」

優秀的老師知道身為人師典範的重要，知道必須維持專業人士的風範！不管生活過得如何、得處理多少家庭煩惱、應付多少校方要求、下了班多累……，都必須表現快樂和熱誠的樣子——這是一種專業人士的風範，也才能成為學生的福利（林金源譯，2014: 200）！

優秀老師在學校裡的多數時間都面帶微笑，因為他們明白擔任學生的正面典範的重要。……所以老師要提醒自己常對學生微笑，每天用微笑迎接學生，用微笑開啟每堂課，用微笑鼓勵及感謝學生。最後仍要用笑臉送學生放學（林金源譯，2014: 168–169）。

老師希望學生做到的事，自己要先「以身作則」，例如：自信、快樂、微笑、感謝、發揮亮點等，這也就是馥茗恩師所說的「夫子相」。這些事容易嗎？老師能覺察自己做到多少嗎？若自己都做不到，如何教給學生？

老師要怎麼把自己活好？怎麼表現快樂和熱誠？怎麼讓學生及家長信服而跟隨？把自己做好，將成為老師最大的功課。

對學生不求回報，獲得才會更多。「付出」不能只掛嘴上，而要把難題當作「成長的地圖」，也是教師職涯發展的「心智圖」。

要知道真正讓你開心的是什麼？教學是你真心喜歡、願意奉獻的工作嗎？回顧選擇教職的初衷，是想受人崇敬或為了幫助更多學生？獲得傑出教師殊榮的機會很少，但若想幫助學生，則可做的事很多。

教學快樂或成功並不容易，但一點點成功就能使老師撐過許多教學困頓。老師要認真的「活在當下」，享受身邊的一切，生命才有意義。

教學成就的儲值

尼采說：「過度樂觀使人膚淺，過度悲觀使人毀滅。唯有悲觀後的樂觀，才是精神上的強者。」這段話執行起來頗難，很多人表面樂觀，潛意識裡卻很悲觀。遇到教學挫敗，很難利用危機來轉變自己。

與醫護人員、警察或廚師相比，教師能感受自身職業的價值嗎？醫生因救人而備受感激，老師呢？醫生犯錯可能危及性命，老師呢？醫療工作二十四小時輪班，老師呢？

就像癌症或腎臟疾病依嚴重程度分期，學生的學習成績低落或行為偏差也是如此。就像醫療工作的「早期發現，早期治療」，愈早幫助學生愈好。

維持或促進身體健康不能只依靠藥物、檢查、手術，更要改變生活態度與方式，配合醫囑加上自我覺察、檢視及校正。師生「教學相長」的過程，也是如此。

對於學生的問題若只看到「點」，不能擴充到「線」與「面」，就不能徹底解決。為什麼上課遲到甚至成為中輟生？為什麼遲交作業甚至不寫功課？為什麼服裝儀容不整？為什麼上課不專心、學習動機薄弱？這些都是「果」，而非「因」。除了明顯的大問題，周遭的小問題也要預防，還要找出問題背後潛藏的根源。

想要學生自動自發，班級經營的「恩威並濟」就非常重要。「先嚴後寬」學生較能適應，後效較好。在民主及網路時代，學習方式改變了，學生不喜歡課本與長文，喜歡影片短片及實作。大班教學的時間不足，對於學不會或想多學的學生，要改為「差異化教學」。

專任教授在課程時間之外，要安排「個別輔導時間」。兼任教授則依個人的奉獻程度與師生情誼，自行義務輔導。希望未來有更好的制度，讓師生更多的「教學相長」，例如課程加上「實習」。

對於不肯多學、討厭及逃避學習的學生，老師得以「靈巧的心思」來誘導。敦促被動的學生或緊盯學生、不斷收拾殘局，這些是很大的消耗，所以老師要照顧及保護自己。忍得住、撐得住、穩得住，持續加深自己的功力及修為，才能一點一滴使學生變好。

老師要將別人的孩子當成自己的孩子，對經常出錯或身心障礙的孩子更不能放棄，雖然很難做到，但「天下無難事，只怕有心人」，家長及社會各界應多支持及支援「有心」挽救學生的老師。

焦點短期諮商治療法的核心思想——等待奇蹟、相信奇蹟、放大奇蹟，也適用教育工作，治療的基本假設如下：

1. 用正面、朝向未來、解決問題的觀點，促成改變發生。
2. 在問題情境中尋找「例外」，看到解決問題的資源及能力。
3. 改變隨時都在發生，小改變能累積成大改變。

4. 不須探究問題的成因，聚焦在事件中的行動和反應。

5. 案主就是解決問題的專家，他最清楚自己的問題和適合的解決方法。

焦點解決治療法相信「困擾案主的問題，只是人生的小部分」，其他都是健康的。案主擁有內在資源去處理問題，所以老師要多鼓勵、推動學生的積極有效行為，成功的經驗可作為學生改善生活的借鏡。若採取的方法未能改善問題，就要立即放棄，改以其他途徑來解決。

雖然焦點短期諮商治療法非常樂觀、正向，但是影響學生行為的背後因素若是家庭問題或身心疾病時，老師就先不要在意學生的表現有多糟，而要阻止問題的擴大再逐步解決問題。

老師不僅等待學生自己發覺與擴大成功的「例外」，更要幫忙學生「創造例外」。**老師要隨時注意學生的好表現**，不論多麼微小的改變，也要緊緊抓住而讚美，使學生對自己產生信心。

2 教師是「成就別人」的工作　這個世界需要領袖

人活著是為了「成就自己」，然後「成就萬物」。（《禮記．中庸》：「誠者，非自成己而已也，所以成物也。」）老師先要「成己」，然後接著「成人」。馥茗恩師說（賈馥茗，1989: 178–179）：

做到成己的地步，可說做到了修身的工作。「成人」是「成就別人」，是教人提升人格。可以稱得上「成人」的人，就只有「師」了。我國傳統所以「尊師」，就是因為「師」是已經「成己」的人，「師」是「有德」之人，包括才和知，才有資格來教人。

老師「教人成人」，當然不能欺騙。要以適合學生個別差異的方法來引導。馥茗恩師說（賈馥茗，1989: 182–183）：

教師基於仁人之心來教人，還是要秉持「成己」的「誠」的精神，仍然是「不自欺」和「不欺人」。這裡的「不欺人」直接指不欺學生，間接是「不欺道」、「不欺良心」。

「不欺」是「盡心負責」，既不是「討好」學生，也不是「哄騙」學生。至於應用「適當的」方法或技術以鼓勵學生的學習，不應該與「欺」字相提並論。

老師培育人才有如「陽光普照」，能照耀到的角落都不會錯過。洪蘭教授在〈改變不公平的世界〉一文，引用律師出身的知名小說家約翰．葛里遜 (John Grisham) 所說（洪蘭，2016）：

你怎麼能將一個住在狹窄公寓的單親孩子和一個有雙親、祖父母，甚至有家教的孩子相比？

你怎麼能將一個父母在服刑的孩子和一個父親在行醫的孩子相比？

你怎麼能將一個沒早餐可吃的孩子和一個早餐過於豐盛的孩子相比？

洪蘭教授希望大家好好想一想「自己可以做些什麼，改變這些不公平？」

✦ 學為「人師」、「典範」

典範人物

二〇〇二年，三十五歲的導演曲全立在事業正攀高峰之際，發現腦部長了一顆拳頭大的瘤。若不動手術則只剩半年不到的生命，但手術成功的機率只有一半。他為了陪伴孩子長大，決定動手術。手術雖然成功，卻留下「半盲半聾」的後遺症。

二〇一三年，曲全立以《3D Taiwan》抱回世界第四屆3D大獎（Creative Arts Award）評審團大獎，另一得獎人是拍攝《少年PI的奇幻飄流》的李安。重獲新生的他，決定用這「第二條生命」回饋成長的這塊土地。他賣掉工作室，自費打造3D行動電影車，到台灣各偏鄉國小播放《3D Taiwan》。

這是一種新形態的教育，教導孩子們擁抱文化、理解未來經濟的面貌。

他決定到台灣的偏鄉是因為都市孩子的資源多，偏鄉孩子卻可能連電影院都沒去過。雖然需要不少經費，但他認為是「最甜蜜的負擔」。三年下來跑了八百多所學校、一百多間育幼院，里程數破十萬公里。

活動之初他與妻子商量在每所學校認養一個小孩，**進入偏鄉才發現，弱勢家庭太多了，很多小孩隔代、外配或單親教養，很多家長沒有穩定收入，孩子很少念到高中、大學。也慶幸不只有自己一個傻瓜，許多偏鄉老師都是默默耕耘的傻瓜。**

二〇一六年，曲全立寫了《這個世界需要傻瓜——美力台灣3D行動電影車的誕生奇蹟》一書。他說：

> 許多偏鄉老師對孩子無私付出，除了課業，還常關注學生的家庭狀況，以免他們無心學習、輟學、翹家（頁153）。

偏鄉學校的老師、主任、校長常自掏腰包買晚餐，陪孩子一起寫功課及閱讀課外讀物，代替家長照顧孩子。為了改變世界的不公平，不計較自己的付出。曲導演及偏鄉老師其實都不是傻瓜，而是「成就孩子」的領袖。我的碩博士論文指導教授賈馥茗教授也是其一，恩師於民國九十七年仙逝，但她幫助過無數學生，「人師典範」永存大家心中。她任教五十年，在台灣雖未成家，但視學生如子女，包括管吃管住，我們充分享受老師的呵護。

馥茗恩師不只指導學生做學問，更指導做人。不只教讀書方法，更教如何生活。不只關心學生，同時關愛學生的家人。恩師叫得出學生的配偶及小孩的名字，每次我去探望恩師，全家都跟著一起去。恩師有莫大的能量，包括學識、真心、食物，吸引著學生自動想要靠近，許多畢業生都會「定期回流」探望恩師。我自博士班畢業後，若一個月未去老師家一次，就會感到心靈空虛。恩師教過的許多學生比我去得更加頻繁，有位校長常從宜蘭到台北看老師，彷彿台北是他家的後院！

每一次我們去探望馥茗恩師，除了接受老師的吃飯招待，臨走她還要我們帶走一堆食物、水果及茶葉，連我的公婆都有禮物。學生要請她吃飯時，她就說家裡有餃子、有菜，我們只好去廚房煮餃子、熱菜。如果一起出去吃，恩師總藉著出去抽根菸或上廁所，搶先把帳付了，讓我們「吃定」老師。她從不認為學生應該回報。最後一次與老師一起外出用餐，她已因病而無法行走自如，所以沒能去付帳了！

馥茗恩師癌末的最後時光，她希望留在家裡，同意由我們輪流來陪伴她。我輪值週六下午到週日上午，老師說：「大家照顧及探望的這份熱情，令我十分感動。」老師一直問我：「為什麼能這麼有耐心的照顧呢？」其實比起恩師對待我們，這些回饋根本微不足道啊！

受到馥茗恩師教育愛的感召，我們盡力模仿老師對待學生的方式，但仍能覺察到自己的「私心」，難以做到「無私的奉獻」。馥茗恩師說：「要設法一點一滴去除私心，不要老想著自己有多累或學生多不知感恩。」要將焦點放在學生身上，使自己活得心安理得。

每當我迷惑時，馥茗恩師總像《陪我看日出》這首歌所唱的「你牽著我，穿過了霧，叫我看希望就在黑夜的盡處。」為什麼馥茗恩師有這等功力，能在漆黑中帶領學生「穿過了霧、看到黑夜盡處的希望」？以我來說，恩師不僅指引我寫碩、博士論文，還在人生許多關鍵時刻為我指引方向。當我有困難而不得其解，每次請教恩師，都能得到最佳答案而豁然開朗。但恩師要求我們遇到難題時，要先自行思考一個禮拜，真的沒有答案再來問老師。

例如我的父親因心肌梗塞中風，我想辭職把老父接到家中親自照顧。恩師卻說：

沒有其他方法了嗎？你不僅要盡孝，還要考慮為人妻、為人母、為人媳、為人師的其他角色。不能顧此失彼，反成了「愚孝」。只成全了「做女兒」的一個角色，卻犧牲了其他角色及其他人。

後來我們手足商量，聘請二十四小時外籍看護，且讓爸爸固定住在台南弟弟家裡。弟弟是醫生，爸爸可以獲得最好的照顧，其他人則每月自行安排時間回去陪爸爸。這樣做，大大減除了我與家人的壓力，十分感謝弟弟及弟妹的付出。

當我的公婆生病時，雖然三代同堂，但先生在高雄工作，週末才能北返，我無法獨力照顧而左右為難。恩師表示能諒解我的難處，紓解了我心中巨大的壓力。

當我被上司誤解而想辭職，她說：「不可在此時離職，一定要做到得到上司的肯定才能走。」在我推不掉「必須做卻不喜歡」的行政主管兼職時，她勉勵我將它變成「必須且喜歡去做的事」。

她還看出我的婚姻有問題，適時提醒我夫妻相處之道，要我做到「自我收斂」才能「百年好合」。原來，「人師」要做到這麼「包山包海」的全方位關懷啊！

恩師仙逝後，少了「大樹」可以依靠，剛開始我十分惶恐，後來才明白此後不僅要自立自強，還要接下「大樹」的棒子，延續恩師的遺志，對學生「無私的奉獻」。恩師常說：

你們這些學教育的「中毒太深」，中了太相信「教育具有神奇、偉大力量」的毒。

我很樂意「中毒」，因為恩師的「陪伴」，讓我確信人間有天使。老師真的具有創造奇蹟的力量，所以我一定要努力做個好老師。

老師要預防遭到學生或家長的傷害

以往學生或家長對老師有意見時，還有緩衝的空間，因為學校行政人員會扮演「和事佬」的角色，代替老師出面調解，以圓融的方式「勸止」親師「正面對決」。而今「客訴」盛行的年代，學校行政更要協助老師與家長溝通，以免問題愈演愈烈，甚至興訟。

資訊時代有各種社群網站可以「發聲」，「網路正義」使人承受過多的負評。即使老師學富五車，打筆仗也不一定能「真理愈辯愈明」。何況網路上匿名的批評，「敵暗我明」之下，更難樂觀地以為「清者自清，濁者自濁」、「謠言止於智者」。若不想錯過辯解與澄清的時機，老師要如何「講清楚，說明白」，又不過於「關注流言」、造成情緒崩潰？總之，**一定要維護自己良好的身心狀態**，小心「言多必失」，有些話真的只能「說給懂得的人聽」。

以我來說，教學上遇過大大小小的批判與黑函，輔導工作也曾被學生到地院及高院控告。但我依然熱愛教學，為的是「接住」需要幫忙的學生。即使某些學生不領情或誤解，也設法把自己拉回「正向情緒」，繼續為弱勢學生奮鬥，不因出錯而退回「舒適圈」。

愛情當中有所謂「恐怖情人」，其特徵如下：

過度的行徑與騷擾。
控制欲強烈。
高自卑、低自尊。
不能承受失敗。
有暴力傾向。
缺乏長期的人際關係。
與家人關係不睦。
過於冷漠、易生氣、衝動。
缺乏同理心、容易與他人發生衝突。

情緒勒索或以自我傷害或報復來要脅別人。

健康的戀愛觀是就算不喜歡對方，仍感謝對方對我有好感。若告白不成，能夠隨緣、放下。對感情付出後，不強求回報。面對壓力時，不會遷怒對方。萬一被欺騙，絕不用激烈的手段報復。縱有巨大情傷，也不會想要傷害自己或對方。**健康的親密關係如此，正常的師生關係亦然。**校園中也有「恐怖學生」嗎？為何會有學生想要報復？

書籍推薦

丹尼爾．高曼 (Daniel Goleman) 著《EQ (Emotional Intelligence)》一書，他發現「EQ——情緒的掌控，才是人類生存的重要能力」，書中一開始他就舉了一個代表性的例子。佛羅里達珊瑚泉中學二年級學生傑森，成績非常優異，想讀哈佛醫學院，為了成績與老師發生嚴重衝突。

> **有一次考試，物理老師大衛給他八十分，傑森認為這項成績會影響他的未來，便帶了一把刀子到校，在實驗室與大衛老師衝突，並舉刀刺中大衛的鎖骨。**
>
> 後來的訴訟中，四位心理學家與心理醫生聲稱傑森行兇時喪失理智，傑森被判無罪。傑森自稱去找物理老師是要告訴他想要自殺，但大衛老師堅稱學生是因成績太低而決意置老師於死地。
>
> 傑森後來轉學到一所私立學校，兩年後以極優異的成績畢業，大衛對傑森從未向他致歉或為那次事件負責深感不滿。（張美惠譯，1996: 48–49）
>
> 聰明的學生怎麼會做出那麼不理性的事？答案很簡單，學業上的聰穎與情緒的控制關係不大，**再聰明的人也可能因一時情緒失控或衝動而鑄下大錯。高IQ的人有時在個人生活上可能顯得出奇「低能」。**

曾發生情緒障礙學生攻擊教師後，以不尊重及傷害教師之罪被送到警察局、再轉介醫院及在家教育的案例。其實攻擊老師的人，不一定都是特教學生，一般生也會出現情緒暴走的現象。可能因為在家裡承受父母壓力而遷怒，或因遲交作業、上課不專心等遭到老師責罵而自尊心受傷。

學生出現言語或肢體攻擊行為，通常也是求助的警訊。不應只看問題表面而採取懲罰，可能會傷到需要幫助的學生。學校要營造重視「情緒教育」的氛圍，相信學生的問題不僅是個人障礙或成長背景所致，也是當時的社會環境與人際交互作用的影響。

老師要調整與學生互動的方式，平日要親切但不可沒有界限。雖說「亦師亦友」、「師生要打成一片」，但老師對待學生還是應有適當距離，以免使學生變成被寵溺的孩子，任性妄為、予取予求。

儒家思想認為君子給人的觀感要有三種變化，遠處望著很莊嚴，接近時覺得很溫和，但言辭又是那樣嚴正。（子夏曰：「君子有三變。望之儼然，即之也溫，聽其言也厲。」《論語．子張篇》）朱子在《四書集注》裡引用程子所說：「一般人都做不週全，只有孔子能符合上述全部標準（「他人儼然則不溫，溫則不厲，惟孔子全之」）。」

老師沒有悲觀的權利

曾有一段時間我對自己「為什麼要當老師」，感到迷惑甚至悲觀。原因是教師節賀卡變少、師生關係淡薄、學生的「負評」、教學的諸多盲點、不了解學生需求、擔心被淘汰等。

愛爾蘭作家、詩人、戲劇家王爾德 (Oscar Wilde, 1854–1900) 曾說：「我們都生活在陰溝裡，但仍有人仰望星空。」(We are all in the gutter, but some of us are looking at the stars.) 回想當年我選擇就讀師範院校、讀完教育研究所，就是選擇「仰望星空」。對於「怎麼當老師」一定要找出答案，沒有悲觀的權利。

常聽說「現在的學生愈來愈難教」，其實在一百多年前王爾德 (Oscar Wilde) 就說：

> 教育是一件可敬的事，但要時刻牢記，沒有什麼值得知道的事是好教的。

值得知道的事就難教，老師只能抉擇「要教或放棄」，如《哈利波特：火盃的考驗》（中文版，頁751）一書所說：

要做正確的事還是容易的事，這是我們常要面對的選擇。

教育觀念正確，教育行動就不會偏差。許多老師或父母對孩子近乎「虐待」（高壓），就是因為觀念錯誤。馥茗恩師說（賈馥茗，2007: 84）：

教育只想「一步登天」，也就是從小學開始，就為升學做準備。……結果是學生一面要在學校多學習讀寫算，延長在校時間外，課後還要趕著上補習班。兩者都有做不完的作業，必到深夜才能入睡，既沒有他們所喜歡的遊戲時間，又妨害健康，更造成心理困惑，他們不知道這是「為什麼」！

每逢高中或大學考試放榜，報紙就會報導大考勝利組的豐功偉績，更加強了老師及父母「一步登天」的盼望。認為只要將孩子「推上巔峰」，一切犧牲都值得。「施教者」理直氣壯地訓誡孩子：「瞧！只要努力，你也可以做得到。」大人不願看到失敗，一味督促孩子繼續「衝鋒陷陣」，如幾米的繪本《我的錯都是大人的錯》所說（幾米，2008）：

收音機裡有一位專家悠悠的說：很多人都希望他的孩子贏在起跑點，卻往往讓他的小孩累死在終點。

許多孩子早已「力不從心」，達不到父母師長的期待而自卑、自棄甚至精神崩潰，活在「我不夠好」、「我不如人」的自我貶值感中。我國的教育從小就變質，馥茗恩師說（賈馥茗，2007: 104）：

「教育」從「教人」變成「教書」，又從「教書」變成「教考試」。……以便逐步進入「名校」，自己「面上」才有「光彩」，忘記了「學習」是為「孩子本身」。

更令人擔憂的是，這樣會毀了下一代，使他們因為被驅使，成為心靈麻痺、不能自作主宰的軀體。

教育的目標並非讓學生考上第一志願，應該是「學習做人」，這樣才真實、踏實。簡單的說（賈馥茗，2007: 6）：

必須學習的是「做人的品質與能力」。「做人的品質」包括：明善惡，辨是非，知廉恥，持正義，負責任，守紀律，友善溫和，樂於助人。「做人的能力」則在於能夠「獨立謀生」。

老師們都知道「給學生魚吃，不如教他釣魚。」教育應幫助學生獨立謀生，如布農文教基金會創辦人白光勝牧師，對兒女、教會課輔班學生以及族人所做的事。白牧師成立布農部落休閒農場，以「教育」及「有機農業」幫助族人自立，自己的兒女也在農場打工賺取學費，白牧師被尊稱為「布農希望工程師」。

白牧師因原住民身分及罹患小兒麻痺症，求學及求職過程都挫折不斷。民國七十三年他從神學院畢業，決定回到自己的部落——台東縣延平鄉，以教會為據點，為族人小孩免費課後輔導。民國八十一年成立布農幼稚園，開啟原住民首創先例。民國八十三年成立布農部落文化體驗園區、布農文教基金會，落實原住民的重建工作，為部落的未來找出路。白牧師說：「農場要能自給助人，其中有千般萬業，只能靠不斷學習！」

教育的核心理念「因材施教」、「有教無類」，就是為每個學生的未來找出路。學校及老師可以仿效白牧師的作法，**不論學生的聰明才智、聯考分數、學歷或是否讀名校，都能好好做人、獨立謀生。**

如今大專院校休學比率每年約7%，據教育部統計，約有九萬五千人至十萬人。休學原因以「工作需求與學業志趣不合」為主，其他如：「無法適應大學生活」、「學非所用」。選擇就讀科系是因為「考試分數落在這個科系」、「完全由父母或長輩決定」，**真正「憑個人興趣」選系的比率不高，這也是老師要多引導學生思考的地方。**

老師須高度自我要求

教職生涯充滿挑戰，要不斷從挫敗中爬起、再學習，才能保持正向、勇往直前。教職具有自主性、使命感，要用腦、用心、用情，特別適合喜歡變化與創新的人！

對大學教授而言，早上八點的課很有挑戰性，願意選課的學生較少，要學生不遲到或不缺席很難，中途「棄修」的學生則很多。另外的挑戰則是**「要不要為學生額外付出時間、心力還有金錢？」**如：「多關心」學生、了解學生的個性、與學生吃飯或談心。

我剛進研究所，就聽到學長姊說馥茗恩師會請學生到家裡吃烤肉，老師家裡有一台從美國空運回國的特大烤箱，果然很快我們就受邀到老師家用餐。到老師家吃飯的「習慣」一直延續到我拿到博士學位後的十多年，直到老師仙逝。如果沒有定期去，就會覺得渾身不對勁。

現代老師的工作很多，為了有效幫助學生，須「事半功倍」。日前我到基隆市某國中為老師做一場「時間管理」的專題演講，我本以為自己一星期上二十二堂課算「重量級」了，當場才知該校老師除了兼任行政工作減課外，幾乎每週都超過二十二堂課。教學量很大，還有學生活動及學生問題需要處理，老師必須是「時間管理高手」。

老師希望學生「學得好又快」，學生及家長希望老師「教得好又快」。基本上學生較「依賴」老師的示範及帶領，所以老師要先做到「教得有效又易學」，再引導學生「學得快速又愉快」。

為了達成高效率及高效能的教學目標，老師的「自我要求」如下：

自我要求1：準時上下課

準時上下課為什麼重要？我曾因「心太軟」而同意某成人教育班的上課時間延後十分鐘、下課時間則提前十分鐘結束，經公開表決通過。事後我被學生裡的「正義使者」檢舉而遭到糾正，當時覺得委屈、不平，因為我都提前到教室且延後離開，但馥茗恩師提醒我：「上課精彩與否是其次，上課時間絕不能縮水。」

林恩師清江先生的教學非常精彩，他擔任教育廳長期間，每週六下午從台中趕回台北給我們上課。不僅從不遲到，且每次都說：「可能因公務而耽誤，所以提前補課、要多上一節。」他的擔憂幾乎沒有發生過，即使因公出國也請代課教授來上課，非常的敬業。

為了準時上課，老師應提前到教室。小學或某些私立學校在教室內設置教師辦公桌，以便上課鐘響立即上課，不耽誤寶貴的學習時間。**老師也該準時下課，不佔用學生的時間，或拖延到下一節課。**

要做到準時上下課其實有些困難，因為下課時老師要回答學生問題或處理班級問題。困難處不僅在時間的掌控，還包括從容的態度，不能焦躁、敷衍。下課通常只有十分鐘，要判斷哪些先處理，哪些安排在午休、早自習、放學後再做。為強調「**準時**」的價值，培養學生「**守時**」的習慣，老師還是得**以身作則**。

自我要求2：利用寒暑假及放學後備課、改作業及進修

代課老師與兼任教授除外，一般老師擁有可支薪的寒暑假，不免引起外界羨慕，誤以為老師的長假都在休息及旅遊。其實不然，若老師還兼任學校行政職或排暑期輔導課程，就需部份時間到校或輪班。

其實暑假是老師最佳的「汰舊換新」、「定期檢視」時間，不少老師會安排進修活動，如研究所課程或第二專長學分班，或利用長假撰寫碩博士論文。我曾教授「教師暑期第二專長學分班」，一天要上課九小時，每週四天數，長達一期六週，且要連續上課兩個暑假。看到老師們認真進修，每每十分感動，對教育又充滿希望。

即使老師沒有參加系統進修，仍會嚴謹的自我升級，在課程設計、教學方法與學生輔導方面大幅精進與調整。如：重新編寫各科課程的補充教材、設計更有效的教學活動與作業、大量閱讀專業書籍、參與成長團體等。

平常上課的課前準備及改作業，也要在放學後及週休二日來進行；尤其現今多媒體教學時代，還要提前蒐集及製作相關的影音教材。

教育工作難以區分上班、下班，要教得好就需多花時間精進教學與輔導技巧。課後也要跟學生、家長或其他專業老師、學校行政同仁等多溝通及請教。

自我要求3：付出時間協助學生及家長解除困擾

教育是「教人的事業」，要注重師生關係及親師關係。各行各業都重視與顧客溝通，關懷顧客如同好友及家人。教學要以學生為中心、與家長密切合作。若學生有學習及生活困擾，或家長向老師請教如何輔導孩子，要以同理心專注傾聽，並設法為其解惑。

老師可能有學校與家庭「兼顧」或「失衡」的困擾，尤其是女老師。若要與學生談話或補救教學，常會延遲下班時間，不免牽掛會來不及接小孩及未竟的家務事。回家後若還要接聽學生及家長的電話，或回覆班級社群的訊息，可能使配偶及子女不悅，並影響到睡眠時間與生活品質。

調適方法如下：已婚老師要讓家人了解教育工作的特性，爭取他們的支持與協助，一起分擔家務及照顧子女。若家人不諒解、不幫忙，老師會因擔心疏忽家庭或學生，而產生雙重的罪惡感，或有身心過勞的疲憊感，尤其是已婚的女老師。

自我要求4：利用時間「團隊溝通」

教育工作不只是教學及備課，還有各樣學生輔導工作，需要與教學及行政團隊共同合作。平日要多參加學校正式或非正式聚會，才能與其他老師認識，成為優秀的團隊成員之一。

對學生亦然，要樂於參與及重視學生的課外活動、班級競賽、社團展演、校外教學，與學生「有福同享，有難同當」。學生需要老師時，要找尋適當地點與學生「私下聊聊」，但要注意師生界限。這種真實的交流雖不一定有明顯的功勞或成績，也不一定能使學生得獎或考上明星學校，卻能及時幫助學生紓解壓力。

當然，帶學生去「校外教學」有其風險，老師不想承擔也「情有可原」。但只要事先防範措施做好，如向學校報備、辦理平安保險、邀家長擔任志工，許多參觀與體驗活動都具有教育意義。

家長要感謝及支持願意帶學生校外教學或參觀的老師，學生則要懂事及分擔小組任務，大家一起幫忙校外或課外活動，為老師「分憂解勞」。

自我要求5：能處理學生問題，有效化解危機

學生輔導網絡分「三級預防」，一般老師居於最重要的第一線——一級預防。因為直接接觸到學生，發現嚴重問題可即時通報或轉介給「二級預防」——學校輔導室的專輔老師或心理師，必要時再交由「三級預防」——校外相關身心治療與各種社福與處置機構來接手。

學生問題不一定會顯露或主動提出，需藉老師的觀察或感覺。即使學生拒絕幫助或學生自覺問題無法解決，老師都不可忽視。

對於較麻煩的學生問題，如家庭失和、家庭經濟出狀況、家人生病等，有些老師選擇「不介入」，畢竟「清官難斷家務事」。但如果涉及學生自殺

或傷害別人、被性侵、家暴等，就須依法通報，二十四小時內告知校方學務處、輔導室等。老師固然無法改變學生或家庭，但置之不理將使師生關係表面化，難以建立師生情感，造成學生本身及周遭他人負面的影響。

班級或學生危機事件需要慎重處理，有賴老師平日的輔導經驗與紀錄。對學生及班級愈了解，愈能較快做出正確判斷。這部分要建立標準流程(SOP)，如觀察入微、書面紀錄等，成果自然豐碩。

自我要求6：身體健康、心態平衡、魄力充足

老師必須身體健康、心態平衡、魄力充足，才能自我肯定及有足夠的精力與自信，陪伴學生一起修煉。如果只追求「小確幸」的生活，就會陷入「父子騎驢」的困境。將沒有魄力決定及實踐教師應做的事，容易動搖心志或乾脆放棄。身體不健康，精氣神即不足，也讓學生及家長感到不安。

雖然老師是高壓的職業，但要避免「在時間壓力下工作」。改成「平日忙、提前忙、分散忙」，以及「在家忙、假日忙、補救忙」，總之要努力成

為不「忙、茫、盲」的快樂老師。若已非常努力，身心仍然不平衡，家庭與工作仍相衝突，該怎麼辦？這並非老師尤其是女老師的個別問題，需要教育及學校主政者發揮高層次同理心，在制度面用心及重新規劃。

結語 我堅信：「教學是人生的利多」

我的小學畢業紀念冊上有張照片，是全班在戶外的草地上圍坐一圈，我則站在中間、右手舉起一根手指。我們在玩遊戲嗎？玩什麼？……猜錯了！是同學在聽我「說故事」。為了製作畢業紀念冊，我們「重演」說故事的畫面。

當年「六年三班」不知是否活潑過頭？還是有我們所不明白的原因——「導師經常缺課」，所以班長、副班長用盡力氣管理秩序，還是「管不動」。處罰行不通就來軟的吧！於是要大家輪流上台講笑話、說故事，沒想到這招見效，班上重新恢復祥和，班長及副班長不用一直叫我們罰站了。

「老王賣瓜，自賣自誇」，我覺得自己「好像」講得最精彩，不因為我姓王，不信你可以問問我的小學同學。我最常被推上講台說故事，直到我所讀過的故事書都講完了，只好開始自編、自導、自演。

班上有位很豪氣的女生，沒有人敢欺負她，其實很會保護別人，多年後跟我說，她被我的〈虎姑婆〉故事，嚇到晚上睡不著覺。因為我邊說邊演「不睡覺的孩子，會被虎姑婆咬掉手指頭」，她彷彿聽到了「啃骨頭」的聲音。

我不知道自己這麼厲害，我只是愛看故事書，順便派上用場，幫忙維持班級秩序，在今天可說是「多元智能」之「語文智能」的發揮吧！讀大學以後我參加「語言研究社」，也就是「演講辯論社」，更是獲益良多。特別感謝優質的學長姊們，讓我因語言表達與溝通能力，對學生及家長有較多「同理心」、較注重「人際關係」，但相對也有更多「人際衝突」，容易「受傷」。

就讀台師大教育研究所博士班時，我再度「老王賣瓜，自賣自誇」，在民間團體「全國教育會」開設「教師口才訓練」初、中、高階班。因為當時大家都相信「好口才可讓教學更精彩」，所以班班爆滿。

現在我可沒有這份自信了，如今教學型態翻轉為數位化、科技化，學生特質改變為更有主見、「吾愛吾師，吾更愛真理」，加上學生問題的暴增，如中後段學生的補救教學、家庭問題、學生身心疾病等，常讓我面臨「岔路」時不知如何選擇。是要「多事」還是「省事」？要嚴格還是放鬆？要不要與校內外人士團隊合作?還是「量力而為」、只做自己擅長的事?

我一直達不到馥茗恩師的教學境界,但仍記得小學時被同學圍在中間的榮譽感與快樂,所以我決定「不自量力」的繼續教下去。「要怎麼收穫,先那麼栽」,繼續努力的自我改善,雖然收穫不豐,但很滿足。

我讓自己退回小學時代,延續說故事、教鄰居小孩寫功課、「初生之犢不畏虎」的無畏精神,**讓自己更正向、自信、勇敢,因為我堅信:「教學是人生的利多」。**

參考書目

丁凡譯 (2018)，提摩西．沃克 (*Timothy D. Walker*) 著。像芬蘭這樣教。台北：遠流。

王亦芎譯 (2013)，薩爾曼．可汗 (*Salman Khan*) 著。可汗學院的教育奇蹟：兩億人的家教課，跟比爾．蓋茲的孩子一起學習。台北：圓神。

江坤山譯 (2014)，陶德．羅斯 (*Todd Rose*) 著。翻轉過動人生——從中輟生到哈佛博士的重生之旅。台北：天下。

江婉儀、潘才鉉 (2021)。家長霸凌老師，護子拒溝通還公審。9月28日，聯合報A7版。

曲全立 (2016)。這個世界需要傻瓜——美力台灣3D行動電影車的誕生奇蹟。台北：圓神。

江昀蓉譯 (2014)，道格．勒莫夫 (*Doug Lemov*) 著。王牌教師的教學力。台北：遠流。

何佳芬譯 (2018)，凱特．費根 (*Kate Fagan*) 著。麥蒂為何而跑：一個典型青少年的私密掙扎與死亡悲劇。台北：英屬維京群島商高寶國際有限公司台灣分公司。

李弘善譯 (2008)，雷夫．艾斯奎絲 (*Rafe Esquith*) 著。全美最好的老師。台北：寶瓶文化。

李茂編譯 (2008)。在與眾不同的教室裡——八位美國當代名師的教育理念。台北：御書房。

李清志 (2021)。遠距教學不是萬靈丹。10月29日，聯合報。

李家同 (2006)。法國菜單。10月24日，聯合報。

李枝桃 (2014)。師道。台北：寶瓶文化。

李順德 (2009)。薛承泰：提升競爭力，大學生不蹺8點課。2月18日，聯合報。

易之新譯 (2002)，歐文・亞隆 (*Irvin D. Yalom*) 著。生命的禮物——給心理治療師的85則備忘錄。台北：心靈工坊。

周念縈譯 (2014)，肯・貝恩 (*Ken Bain*) 著。如何訂做一個好學生。台北：大塊。

周宗禎 (2012)。泡麵鮮師餵飽學生，六年沒斷貨。11月23日，聯合報。

林金源譯 (2014)，陶德・威塔克，安妮特・布諾 (*Todd Whitaker, Annette Breaux*) 著。優秀老師這樣做：輕鬆應付課堂挑戰50招 (*50 Ways to Improve Student Behavior: Simple Solutions to Complex Challenges*)。新北：木馬。

林奕含 (2017)。房思琪的初戀樂園。台北：游擊。

林繼谷譯 (2014)，菲利普・穆勒著。謬拉老師上學去。台北：新經典。

林永豐 (2012)。情意目標。教育大辭書。國家教育研究院雙語詞彙、學術名詞暨辭書資訊網。

洪蘭 (2009)。不想讀，就讓給別人吧。天下雜誌434期。

洪蘭 (2016)。改變不公平的世界。12月31日，聯合報。

胡君梅譯 (2013)，喬・卡巴金 (*Jon Kabat-Zinn*) 著。正念療癒力：八週找回平靜、自信與智慧的自己（卡巴金博士二十年經典增訂版）。新北：野人文化。

張美惠譯 (1996)，丹尼爾・高曼 (*Daniel Goleman*) 著。*EQ* (*Emotional Intelligence*)。台北：時報。

張琇雲譯 (2014)，金・碧登 (*Kim Bearden*) 著。學生教我的17件重要的事：帶給你愛、勇氣、堅持與創意的人生。台北：方智。

張明杰 (2019)。老師，你可以這樣帶班。台北：五南。

張俊哲 (2021*a*)。五十分鐘後的人生，不一樣。2月22日，聯合報。

張俊哲 (2021*b*)。師者：恐懼的總和。9月28日，聯合報。

張建成 (2000)。教師權威。教育大辭書。國家教育研究院雙語詞彙、學術名詞暨辭書資訊網。

張道榮 (2014)。競爭力在窗外：校外教學，教會我47種能力。台北：寶瓶文化。許書揚 (2011)。好人也要懂心機。*Cheers*——快樂工作人雜誌，125 期。

陳令嫻譯 (2018)，池谷孝司著。被隱匿的校園性犯罪：老師叫我不要說，這都是為我好。新北：光現。

陳敬旻譯 (2008)，威爾．鮑溫 (*Will Bowen*) 著。不抱怨的世界 (*A Complaint Free World*)。台北：時報。

郭瓊瑩 (2021)。科技．人文聯合講座／疫情觸動另一波教改。9月27日，聯合報。

單小懿 (2020)。商周 *CEO* 學院　高峰對話：如何讓團隊跟著你一起衝？金惟純：先把自己活好！6月3日，商業周刊第 1699 期。

幾米 (2008)。我的錯都是大人的錯。台北：大塊。

傅士哲譯 (2005)，肯．貝恩 (*Ken Bain*) 著。如何訂做一個好老師。台北：大塊。

黑糖 (2021)。遠距教學。9月28日，聯合報。

彭倩文譯 (2001)，*J. K.* 羅琳 (*J. K. Rowling*) 著。哈利波特⑷：火盃的考驗 (*Harry Potter and The Goblet of Fire*)。台北：皇冠。

賈馥茗 (1989)。教育哲學。台北：三民。

賈馥茗 (2005)。教育的真諦－教人成人。引自財團法人台北市賈馥茗教授教育基金會主編：教育名家論教育。新北市：心理。

賈馥茗 (2007)。融通的教育方法。台北：五南。

楊守全譯 (2009)，船越準藏著。教師這可怕的工作。台北：星月。

楊雯珺譯 (2015)，博納．奧利維 (*Bernard Ollivier*) 著。60人生多美好：一個法國男人的退休故事。台北：天下。

詹明勇 (2022)。一人一機數位學習，又是教育大地震？2月9日，聯合報。

趙可式、沈錦惠譯 (2008)，弗蘭克 (*Viktor E. Frankl*) 著。活出意義來 (*Man's Search for Meaning*)。台北：光啟。

歐陽端端譯 (2013)，丹尼爾．高曼 (*Daniel Goleman*) 著。情緒競爭力*UP*。台北：時報。

潘才鉉、王燕華 (2021)。親師信任感轉變，做好溝通降低霸凌。9月28日，聯合報。

劉如菁譯 (2014)，伍爾本 (*Hal Urban*) 著。好老師會做的20件事。高雄：格子外面。

劉嘉路譯 (2020)，黛安．塔文納 (*Diane Tavenner*) 著。預備教育的未來。台北：親子天下。

諶攸文、侯秀琴譯 (2007)，隆．克拉克 (*Ron Clark*) 著。人格特質最重要。台北：雅言。

推薦閱讀

生涯規劃與職涯發展

王淑俐／著

本書主要在探討大學時期開始至就業職涯發展，每一階段的生涯規劃，主要特色如下：

1. 以漫畫做為課前引文，扣緊每章主題，使讀者更容易帶入自身經歷。
2. 每章設計「生涯情境模擬」單元，模擬生涯中可能會遇到的情況，更能帶入讀者生活；「生涯楷模」單元則舉出名人或歷史人物做為模範，鼓勵讀者向其學習；章末則有「生涯規劃資源」 單元，附上心理測驗、推薦書籍或電影等，供讀者在生涯規劃上做參考。
3. 本書最後收錄作者學生研究所及轉系申請之書審資料，可供讀者做為範本。

國家圖書館出版品預行編目資料

正向教學的力量：化解課堂困境，當個不怕失敗的教師／王淑俐著.——初版一刷.——臺北市：三民，2022
面；　公分.——（LIFE）

ISBN 978-957-14-7521-9（平裝）
1. 教學 2. 文集

520.7　　111013706

Life

正向教學的力量：化解課堂困境，當個不怕失敗的教師

作　　者｜王淑俐
插畫設計｜胡鈞怡
責任編輯｜許婕筑
美術編輯｜詹士嘉

發 行 人｜劉振強
出 版 者｜三民書局股份有限公司
地　　址｜臺北市復興北路 386 號 (復北門市)
臺北市重慶南路一段 61 號 (重南門市)
電　　話｜(02)25006600
網　　址｜三民網路書店 https://www.sanmin.com.tw

出版日期｜初版一刷 2022 年 9 月
書籍編號｜S521200
I S B N｜978-957-14-7521-9